Das Einsteigerseminar

VBA-Programmierung
mit Microsoft Office Access 2007

Klaus Giesen

Das Einsteigerseminar
VBA-Programmierung
mit Microsoft Office Access 2007

Copyright © 2007 by
bhv, REDLINE GMBH, Heidelberg
www.bhv-Buch.de

10   09   08   07

10   9   8   7   6   5   4   3   2   1

1. Auflage

ISBN 978-3-8266-7447-1

Printed in Germany

Inhaltsverzeichnis

L4 VBA-Sprachelemente 91

Ü Teil II: Üben **249**

Vorwort

Sie kennen sich bereits mit Microsoft Access aus? Sie wissen, wie Sie in Access mit Tabellen, Abfragen und Berichten umgehen? Sie haben Ihre kleinen und größeren Datenbanken auch schon mit Hilfe von Makros automatisiert? Prima – dies können Sie alles mit Access 2007 auch ohne VBA wunderbar erledigen.

Wenn Sie allerdings mit Access 2007 tiefer in den Bereich Datenbankentwicklung einsteigen möchten, werden Sie früher oder später an Grenzen stoßen, die Sie nur mit Hilfe der VBA-Programmierung überschreiten können. Das ist ganz einfach so und wohl auch der Grund, warum Sie dieses Buch in den Händen halten.

Um ein so umfangreiches und komplexes Thema wie VBA unter Access 2007 auf dem vorgegebenen begrenzten Raum abzuhandeln, hat ein Autor grundsätzlich zwei Möglichkeiten:

■ Er versucht nahezu alle VBA-Elemente und -Funktionen darzustellen.

Die logische Konsequenz eines solchen Konzepts ist, dass die gesamte Darstellung durchgängig oberflächlich bleiben muss.

■ Er wählt die seiner Ansicht nach wichtigsten VBA-Elemente und -Funktionen aus und stellt sie entsprechend vertieft dar.

Dabei ergibt sich allerdings ebenso logisch die Konsequenz, dass er bestimmte Bereiche weglassen muss.

Ich habe mich in diesem Buch aus zwei Gründen für die zweite Möglichkeit entschieden:

■ Die Grundlagen einer Programmiersprache wie Syntax, Sprachelemente, Kontrollstrukturen usw. müssen einfach vertieft dargestellt werden. Sie entsprechen im Grunde genommen den Vokabeln und der Grammatik beim Erlernen einer Fremdsprache – und ohne deren Beherrschung geht es einfach nicht.

- Ohne eine Vertiefung in bestimmten Bereichen hat ein Autor keine Chance, Ihnen die Möglichkeiten aufzuzeigen, die Ihnen die Verwendung von VBA unter Access 2007 bietet.

Die Beispieldateien zu diesem Buch stehen Ihnen auf meiner Webseite *http://www.kagewe.de* im Bereich *Schreiben & Lesen* als Download zur Verfügung.

Und nun wünsche ich Ihnen viel Spaß und Erfolg mit VBA unter Access 2007.

Klaus Giesen

Einleitung

Ich höre, und ich vergesse;
Ich sehe, und ich erinnere mich;
Ich tue, und ich verstehe.

Treffender als mit diesem chinesischen Sprichwort lässt sich das Konzept der Buchreihe *Das Einsteigerseminar* nicht beschreiben: *Learning by doing!* Lernen durch Tätigsein? Das klingt im ersten Moment sehr nach Arbeit, und tatsächlich werden Sie wohl nicht umhin kommen, selbst aktiv zu werden, um einen schnellen und dauerhaften Lernerfolg zu erzielen – das kann Ihnen auch diese Buchreihe leider nicht völlig abnehmen. Das Einsteigerseminar schafft allerdings die Rahmenbedingungen, um Ihnen diesen Weg so weit wie möglich zu erleichtern und ihn interessant zu gestalten. Eignen Sie sich mit der bewährten Einsteigerseminar-Methodik alle notwendigen theoretischen Grundlagen an, überprüfen und festigen Sie den erlangten Wissensstand durch wiederholende Fragen und Übungen, und wenden Sie die erlernte Theorie schließlich anhand eines komplexen praktischen Beispiels an. *Lernen – Üben – Anwenden*: der sichere Weg zum Lernerfolg!

Lernen – Üben – Anwenden

Der erste Teil soll Sie mit den notwendigen theoretischen Grundlagen versorgen. Schritt für Schritt werden Sie mit den wesentlichen Features vertraut gemacht. Nach der Durcharbeitung dieses Teils sollten Sie in der Lage sein, Problemstellungen selbstständig zu erfassen und zu lösen. Die einzelnen Kapitel bilden abgeschlossene Lerneinheiten und können bei Bedarf auch unabhängig voneinander bearbeitet werden.

Lernen

Um Sie auf direktem Weg zum Ziel zu führen, liegt der Theorievermittlung ein problemlösungsorientierter Ansatz zugrunde. So finden Sie in der Randspalte die Problemstellung; die folgende Schritt-für-Schritt-Anleitung führt Sie zielgerichtet zur Lösung.

Üben

In diesem Teil geht es darum, Ihren theoretischen Wissensstand zu vertiefen und zu festigen. Dazu finden Sie diverse kapitelbezogene Fragen und Übungsaufgaben. Ausführliche, kommentierte Lösungen folgen direkt im Anschluss an die jeweilige Frage, damit der Lernfortschritt jederzeit sofort überprüft werden kann.

Anwenden

In diesem Teil schlagen wir eine Brücke zwischen Theorie und Praxis. Anhand praktischer Beispiele wird die in Teil I erlernte und in Teil II geübte Theorie angewendet und umgesetzt.

Konzeption des Buches

In diesem Buch geht es – wie es der Titel schon sagt – um die VBA-Programmierung unter Access 2007.

Zielgruppe

Nachdem klipp und klar ausgesprochen wurde, worum es in diesem Buch geht, liegt es quasi auf der Hand, für wen dieses Buch gedacht ist: für alle diejenigen, denen die Arbeit mit einfachen Datenbanken oder den von Access zur Verfügung gestellten Vorlagen zu wenig ist.

Oder positiv ausgedrückt: Dieses Buch wendet sich an diejenigen, die für die Entwicklung von anspruchsvolleren Access-Anwendungen komplexere beziehungsweise individuellere Funktionalitäten benötigen oder den vorhandenen Funktionsumfang von Access erweitern möchten.

Aufbau

Teil I: Lernen

Der erste Teil beginnt mit einer ganz kurzen Vorstellung von Access 2007, allerdings lediglich vor dem Hintergrund unseres Themas VBA-Programmierung.

Anschließend lernen Sie von Grund auf das Einmaleins der VBA-Programmierung unter Access und die dazugehörende Entwicklungsumgebung, den VBA-Editor, kennen.

Zunächst wird die Entwicklungsumgebung erläutert, das heißt das Eingeben, Ausführen und Editieren von Programmcode. Anschließend lernen Sie die VBA-Sprachelemente und -Kontrollstrukturen kennen, also das Rückgrat dieser Programmiersprache.

Ziel ist es, Access-Objekte zu manipulieren: Formulare, Tabellen, Datensätze usw. Das Prinzip ist immer das Gleiche: Access stellt Objekte zur Verfügung, auf die Sie mit Hilfe von Methoden zugreifen und deren Eigenschaften Sie manipulieren können.

Diese Kapitel sollten Sie als VBA-Einsteiger systematisch durcharbeiten – daran führt kein Weg vorbei.

Teil II: Üben

Der letzte Satz des vorherigen Abschnitts gilt auch für den Übungsteil dieses Buches. Hier können Sie das im ersten Teil Gelernte an kleinen Beispielen vertiefen.

Teil III: Anwenden

Im dritten Teil finden Sie praktische Beispiele für die Verwendung von VBA in Formularen, Steuerelementen und Berichten. Das Ziel dieses Teil ist es, die nahezu unbegrenzten Möglichkeiten, die Ihnen bei der Verwendung von VBA unter Access 2007 offenstehen, zumindest anzureißen und Appetit auf einen tieferen Einstieg in diese interessante Materie zu machen.

Teil I: Lernen

L1 Access 2007 – (fast) alles ist neu

Access 2007 erscheint mit einer vollkommen veränderten Benutzeroberfläche. Das vertraute Datenbankfenster ist ebenso verschwunden wie die gewohnten Symbol- und Menüleisten. Letztere wurden durch die Multifunktionsleiste mit ihren Registern ersetzt.

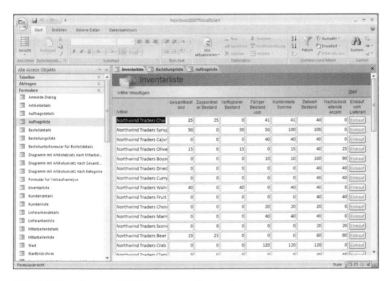

Abb. L1.1:   Access 2007 im neuen Gewand

Wie immer man auch letztlich zu diesen Änderungen stehen mag, für Ein- und Umsteiger ist der Umgang mit Sicherheit einfacher geworden.

Doch das alles soll nicht Thema dieses Abschnitts sein. Hier geht es vielmehr um die Aspekte des neuen Access, die in einem mehr oder weniger direkten Zusammenhang zum Thema dieses Buches stehen – und heißt nun mal nicht »Einführung in Access 2007«.

Sinnvolle Optionseinstellungen

Zu den vielen Neuerungen von Access 2007 gehört auch, dass der Dialogbereich zur Einstellung der Access-Optionen vom Erscheinungsbild und der Anordnung her verändert wurde.

Access-Optionen einstellen

Sie gelangen dorthin, indem Sie zuerst auf die Schaltfläche *Office* und anschließend auf die Schaltfläche *Access-Optionen* klicken. Daraufhin wird das Dialogfeld *Access-Optionen* angezeigt.

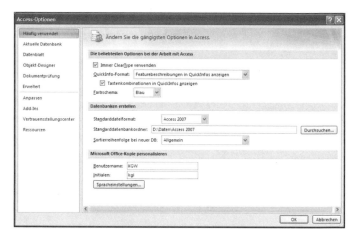

Abb. L1.2: Das Dialogfeld *Access-Optionen*

Dieser neue Dialog zur Einstellung der Access-Optionen erscheint auf jeden Fall aufgeräumter und geordneter als in den Vorgängerversionen.

Aktuelle Datenbank

Dazu trägt auch bei, dass es kein separates Dialogfeld zur Einstellung der Startoptionen mehr gibt. Sie finden diese Einstellmöglichkeiten jetzt im Bereich *Aktuelle Datenbank* des Dialogfelds *Access-Optionen*.

Sie finden im Übungsteil zu diesem Thema eine Frage beziehungsweise eine Aufgabe.

22

Standarddatenbankordner festlegen

Standardmäßig stellt Access als Datenbankordner *C:\Doku-mente und Einstellungen\[Benutzername]\Eigene Dateien* ein. Falls Sie auf Ihrem PC über eine zweite Festplatte oder Partition verfügen, sollten Sie Ihre Daten auf einem anderen Laufwerk ablegen. Falls nicht, erstellen Sie auf jeden Fall einen speziellen Ordner für Ihre Access-Datenbanken:

- Sie können dann beispielsweise Ihr Betriebssystem neu installieren, ohne sich große Gedanken über Ihre Daten machen zu müssen.

- Dies trifft auch zu, wenn Sie lediglich unter Windows 2000 oder XP eine Reparaturinstallation durchführen. Dabei werden nämlich alle Systemordner – also auch der Ordner *Eigene Dateien* – überschrieben beziehungsweise neu angelegt.

1 Klicken Sie zum Wechseln des Standarddatenbankordners im Bereich *Häufig verwendet* des Dialogfelds *Access-Optionen* im Abschnitt *Datenbanken erstellen* auf die Schaltfläche *Durchsuchen*. **Standard-datenbank-ordner wechseln**

Das Dialogfeld *Standarddatenbankpfad* wird angezeigt.

Abb. L1.3:   Das Dialogfeld *Standarddatenbankpfad*

2 Wählen Sie dort den gewünschten Ordner aus und klicken Sie anschließend auf die Schaltfläche *OK*.

3 Schließen Sie danach das Dialogfeld *Access-Optionen* ebenfalls mit *OK*.

 Sie finden im Übungsteil zu diesem Thema eine Frage beziehungsweise eine Aufgabe.

Standardansicht

Access 2007 stellt standardmäßig jedes geöffnete Objekt in der neuen SDI-Ansicht *(Single Document Interface)* dar. Dabei wird jedes Objekt (Tabelle, Formular, Abfrage usw.) jeweils als eigenes Register angezeigt (siehe Abbildung L1.1).

Standard-ansicht wechseln

Falls Ihnen dies nicht gefällt, können Sie problemlos die bisherige MDI-Ansicht *(Multi Document Interface)* als Standardansicht festlegen.

1 Aktiveren Sie im Dialogfeld *Access-Optionen* den Bereich *Aktuelle Datenbank*.

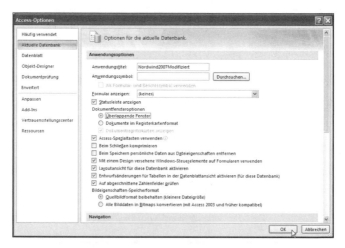

Abb. L1.4: Wechseln der Standardansicht in Access

2 Wählen Sie dort im Abschnitt *Anwendungsoptionen* die Option *Überlappende Fenster* aus.

3 Schließen Sie anschließend das Dialogfeld *Access-Optionen* mit *OK*.

Die Einstellungsänderung wird übrigens erst nach einem Neustart von Access wirksam. Darauf weist Sie allerdings auch ein entsprechendes Dialogfeld hin.

Abb. L1.5: Hinweisdialog

Sie finden im Übungsteil zu diesem Thema eine Frage beziehungsweise eine Aufgabe.

Makros in Access 2007

Makros werden in diesem Buch über VBA-Programmierung wie schon erwähnt nur am Rande gestreift. Neben vielen anderen ist der entscheidende Grund für die Vernachlässigung von Makros die Tatsache, dass Makros in keinster Weise portabel sind. Ein in Access erstelltes Makro ist nur in Access zu verwenden – und sonst nirgendwo. Interessant dabei ist, dass Aktionen, Argumente und Bedingungen auch bei der VBA-Programmierung eine wichtige Rolle spielen.

Eigenständiges Makro erstellen

Sie finden im Übungsteil zu diesem Thema eine Frage beziehungsweise eine Aufgabe.

Die im Navigationsbereich angezeigten Makros werden in Access 2007 als eigenständige Makros bezeichnet. Diese Art von Makroobjekten kennen Sie möglicherweise bereits von einer früheren Access-Version her.

Eigenständiges Makro

1 Aktivieren Sie das Register *Entwurf* in der Multifunktionsleiste.

Abb. L1.6: Die Schaltfläche *Makro* auf dem Register *Entwurf*

2 Klicken Sie im Bereich *Andere* auf die Schaltfläche *Makro*.

Das Makrofenster wird in der Entwurfsansicht geöffnet.

3 Speichern Sie nach der Bearbeitung das Makro unter einem Makronamen im Navigationsbereich.

Überblick

Makros ermöglichen Ihnen, eine oder mehrere *Aktionen*, die Sie vorher in tabellarischer Form zusammengestellt haben, automatisch ausführen zu lassen.

Abb. L1.7: Access-Makro in der Entwurfsansicht

Dabei kann ein Makro bei Bedarf *Argumente* übergeben und/
oder die Ausführung kann von einer oder mehrerer *Bedingun-*
gen abhängig sein. Damit sind drei wichtige Stichworte oder
Begriffe im Zusammenhang mit Makros gefallen.

Aktionen

Alle in Makros ausführbaren Aufgaben werden Aktionen
genannt. Die meisten Aktionen entsprechen bestimmten Befehlen, die Sie ansonsten in der Multifunktionsleiste oder in einem
Kontextmenü aufrufen.

So entspricht beispielsweise die Makroaktion *ÖffnenFormular*   **Makroaktion**
dem Vorgang, den Sie im Navigationsbereich durch einen Klick
beziehungsweise Doppelklick auf einen Formularnamen auslösen – Sie öffnen ein Formular.

Darüber hinaus verfügen Sie in Makros über eine Reihe von
Aktionen, die manuell nicht ausführbar sind. Dazu zählt beispielsweise die Aktion *SetzenWert*, mit der Sie in Formularen
Steuerelementen im Hintergrund automatisch Werte zuweisen
können.

Bei dem folgenden Beispiel wird dem Steuerelement *Einstell-*   **Wert-**
datum der Wert des aktuellen Systemdatums zugewiesen.   **zuweisung**

```
[Einstelldatum]; =Datum()
```

Argumente

Oftmals können Sie allerdings mit einer Makroaktion differen-
ziertere Abläufe auslösen, als dies mit den entsprechenden
manuellen Befehlen aus dem Navigationsbereich heraus möglich wäre.

Dafür sind die Argumente verantwortlich, die Sie für die meisten
Makroaktionen angeben können beziehungsweise müssen.
Diese Argumente steuern dann die Aktion im Detail.

Argument	Im folgenden Beispiel wird bei der Aktion *ÖffnenFormular* als Argument die Eigenschaft *Fenstermodus* auf den Wert *Dialog* eingestellt.

`Anmelde-Dialog; Formular; ; ; ; Dialog`

Oder Sie filtern beim Öffnen des Formulars die Datensätze nach einem bestimmten Kriterium.

Filter   `[Land/Region]="D"`

Bedingungen

Ein weiterer Unterschied von Makroaktionen gegenüber normalen, das heißt händisch ausgeführten Befehlen liegt darin, dass Sie die Ausführung einer Makroaktion vom Zutreffen einer Bedingung abhängig machen können. Beispielsweise können Sie das Deaktivieren eines bestimmten Steuerelements vom Wert eines anderen Steuerelements im Formular abhängig machen.

Bedingung   `Formulare![Artikel]![Lagerbestand]<5`

Neuerungen bei Makros in Access 2007

Microsoft hat in Access 2007 den Funktionsumfang von Makros deutlich erweitert. Zu den wesentlichen Neuerungen zählen:

■ Eingebettete Makros

Diese Makros sind fest mit den Ereigniseigenschaften von Formularen, Berichten und den darauf enthaltenen Steuerelementen verknüpft. Das bedeutet, dass Sie das Steuerelement – beispielsweise eine Schaltfläche – samt der Funktionalität duplizieren oder von einem Formular in ein anderes kopieren können.

Eingebettete Makros werden nicht im Navigationsbereich angezeigt.

Das ist gegenüber entsprechenden VBA-Prozeduren sogar ein gewaltiger Vorteil, das diese über eine solche Eigenschaft nicht verfügen.

■ Fehlerbehandlung

In Makros ist nun mit Hilfe der Aktionen *BeiFehler* und *Clear-MacroError* eine recht passable Fehlerbehandlung möglich.

■ Temporäre Variablen

Mit den drei neuen Makroaktionen *FestlegenTempVar*, *Ent-fernenTempVar* und *EntfernenAlleTempVar* können Sie in Makros temporäre Variablen erstellen und verwenden. Mit diesen Variablen können Sie beispielsweise die Ausführung des Makros steuern oder Werte, die an andere Objekte übergeben werden sollen, zwischenspeichern.

Das Makro »AutoExec«

Ein Makro mit dem Namen *AutoExec* wird automatisch beim Öffnen einer Access-Datenbank ausgeführt, weil Access automatisch danach sucht. Sie können ein solches Makro dazu verwenden, um direkt nach dem Öffnen der Datenbank bestimmte Aktionen auszuführen.

Makro
AutoExec

Sie finden im Übungsteil zu diesem Thema eine Frage beziehungsweise eine Aufgabe.

Mit einem solchen AutoExec-Makro können Sie beispielsweise:

■ einen Startbildschirm anzeigen,

■ die Tabelleneinbindung zu BackEnd-Tabellen überprüfen lassen,

■ ein bestimmtes Formular öffnen.

Durch das Drücken der Taste ⇧ beim Start von Access wird übrigens – sofern diese Option nicht deaktiviert ist – die Ausführung eines AutoExec-Makros unterbunden.

Das Makro »AutoKeys«

Makro AutoKeys

Mit einem Makro namens *AutoKeys* lassen sich benutzerdefinierte Tastaturbelegungen für bestimmte Tastenkombinationen erstellen.

Jedem Makro einer Makrogruppe kann eine Taste oder Tastenkombination zugeordnet werden.

Abb. L1.8:   AutoKeys-Makro

Das AutoKeys-Makro überprüft, ob eine der folgenden Tasten gedrückt wurde:

Tasten-kombinationen

- Die Funktionstasten [F1] bis [F12] (zuzüglich [Strg] und [⇧])
- alle alphanumerischen Tasten (zuzüglich [Strg])
- die Tasten [Einfg] und [Entf] (zuzüglich [Strg] und [⇧])

Wenn die betreffende Taste bzw. Tastenkombination gedrückt wird, werden die im Makro festgelegten Aktionen ausgeführt. Die Syntax entspricht dabei der *SendKeys*-Anweisung:

SendKeys-Syntax	Tastenkombination
^A oder ^1	Strg + Alt oder Strg + 1
{F1}	F1
^{F1}	Strg + 1
{Entf}	Entf
^{Entf}	Strg + Entf
+{Entf}	⇧ + Entf

Tab. L1.1:   Tastenkombinationen in AutoKey-Makros

Eingebettetes Makro erstellen

In diesem Abschnitt erstellen wir ein einfaches eingebettetes Makro, mit dem über eine Schaltfläche das Formular geschlossen wird.

> Sie finden im Übungsteil zu diesem Thema eine Frage beziehungsweise eine Aufgabe.

1 Öffnen Sie ein vorhandenes Formular in der Entwurfsansicht oder erstellen Sie ein neues.

Formular erstellen

2 Klicken Sie auf dem Register *Entwurf* im Bereich *Steuerelemente* auf den Befehl *Schaltfläche* und ziehen Sie die Schaltfläche im Formularfuß auf.

Schaltfläche

Abb. L1.9:   Der Befehl *Schaltfläche*

3 Wählen Sie dann aus dem Kontextmenü den Befehl *Eigenschaften* aus.

Eigenschaften Das Dialogfeld *Eigenschaftenblatt* wird angezeigt. Als Erstes sollten wir unsere Schaltfläche ordentlich benennen und beschriften.

4 Aktivieren Sie zunächst das Register *Alle* – falls es nicht schon standardmäßig aktiviert ist.

5 Tippen Sie in das Feld *Name* btnClose und in das Feld *Beschriftung* Schließen ein.

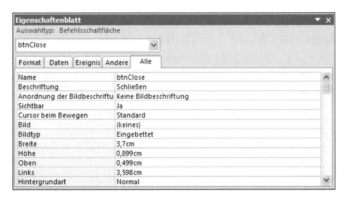

Abb. L1.10: Das Dialogfeld *Eigenschaftenblatt*

Durch das Präfix *btn* als Abkürzung für das englische Wort *Button* in der Objektbezeichnung machen Sie auf den ersten Blick deutlich, dass es sich hier um eine Befehlsschaltfläche handelt.

Das geplante Makro soll durch einen Klick auf die Schaltfläche ausgelöst werden, also benötigen wir das Ereignis *Beim Klicken* der Schaltfläche.

6 Aktivieren Sie das Register *Ereignis*.

7 Klicken Sie auf die kleine Schaltfläche mit den drei Punkten rechts neben dem Listenfeld *Beim Klicken*.

Das Dialogfeld *Generator auswählen* wird angezeigt. Sie haben hier die Auswahl zwischen dem *Makro-*, dem *Ausdrucks-* und dem *Code-Generator*.

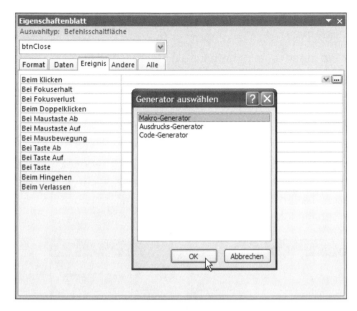

Abb. L1.11: Das Dialogfeld *Generator anzeigen*

8 Markieren Sie im Listenfeld den Eintrag *Makro-Generator* und klicken Sie auf die Schaltfläche *OK*.

Das Makro wird in der Entwurfsansicht angezeigt.

Makroeinstellungen

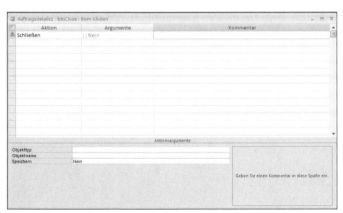

Abb. L1.12: Makro in der Entwurfsansicht

---

9 Wählen Sie zunächst im Listenfeld *Aktion* die Makroaktion *Schließen* aus.

Legen Sie nun das Argument für die Makroaktion fest.

10 Wählen Sie unten im Bereich *Aktionsargumente* im Listenfeld *Speichern* den Wert *Nein* aus.

11 Klicken Sie danach auf dem Register *Entwurf* auf die Schaltfläche *Schließen*, um das Makrofenster zu schließen.

12 Beantworten Sie die folgende Sicherheitsabfrage, ob Sie die am Makro vorgenommenen Änderungen speichern und die Eigenschaften aktualisieren möchten, mit einem Klick auf die Schaltfläche *Ja*.

Abb. L1.13: Sicherheitsabfrage

Mit dem Begriff *Eigenschaften* ist hier die Eigenschaft *Beim Klicken* der Befehlsschaltfläche gemeint.

Damit kehren Sie zu Ihrem Formular in der Entwurfsansicht zurück.

13 Klicken Sie in der Schnellstartleiste auf das Symbol *Speichern*, um die Änderungen am Formular zu speichern.

14 Wählen Sie dann aus dem Kontextmenü den Befehl *Formularansicht* aus.

Abb. L1.14: Der Menübefehl *Formularansicht*

15 Sie haben das fertige Formular mit der neuen Schaltfläche vor sich auf dem Bildschirm.

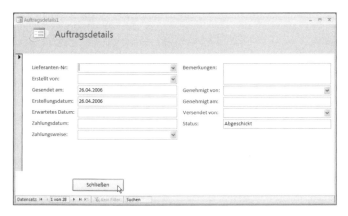

Abb. L1.15: Formular mit Schaltfläche

16 Klicken Sie auf die Schaltfläche und probieren Sie Ihr Makro aus.

Makros nach VBA konvertieren

Mit diesem Abschnitt nähern wir uns wieder unserem eigentlichen Thema an. Access enthält einen Befehl, der Ihnen das einfache Konvertieren von Makros in VBA-Code ermöglicht. Bei diesem Vorgang konvertiert ein Assistent das Makro in eine VBA-Funktion.

> Sie finden im Übungsteil zu diesem Thema eine Frage beziehungsweise eine Aufgabe.

Benutzen Sie dazu eines Ihrer Makros. Für den Fall, dass Sie keines zur Verfügung haben, können Sie ein Makro aus der mit Access installierten Beispieldatenbank *Nordwind* verwenden.

1 Markieren Sie das Makro im Navigationsbereich und aktivieren Sie dann das Register *Datenbanktools*.

Makro konvertieren

2 Klicken Sie dort im Bereich *Makro* auf die Schaltfläche *Makros zu Visual Basic konvertieren*.

Abb. L1.16: Die Schaltfläche *Makros zu Visual Basic konvertieren*

Danach wird das Dialogfeld *Konvertiere Makro* angezeigt.

Abb. L1.17: Das Dialogfeld *Konvertiere Makro*

3 Lassen Sie die beiden Kontrollkästchen *Fehlerbehandlung zu generierten Funktionen hinzufügen* und *Makrokommentare einbeziehen* aktiviert und klicken Sie auf die Schaltfläche *Konvertieren*.

Über die erfolgreiche Konvertierung des Makros werden Sie durch ein Dialogfeld informiert. Anschließend haben Sie – ein Anblick, den Sie im Verlauf dieses Buchs noch häufiger erleben werden – den VBA-Editor vor sich.

Der VBA-Editor wird als ein vollkommen separates Programmfenster neben dem Access-Fenster angezeigt und gesteuert.

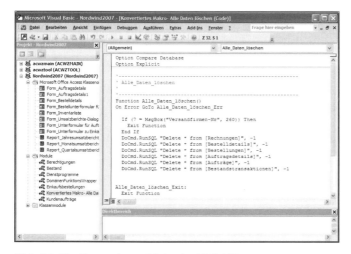

Abb. L1.18: Konvertiertes Makro im VBA-Editor

Im rechten Codebereich erkennen Sie den VBA-Code des konvertierten Makros. Der Name der Funktion ist aus dem Namen des konvertierten Makros abgeleitet worden.

Das mag für den Moment reichen – alle weiteren Einzelheiten zum Fenster und zum Programmcode lernen Sie in den nächsten Kapiteln noch ganz genau kennen.

Sie erkennen übrigens auch, dass die Benutzeroberfläche des VBA-Editors noch nach alter Väter Sitte aus Menü- und Symbolleisten besteht. Das sollte Ihnen also vertraut sein.

4 Wählen Sie also aus dem Menü *Datei* des VBA-Editors den Befehl *Schließen und zurück zu Microsoft Office Access* aus.

Alternativ dazu können Sie auch die Tasten [Alt] + [Q] drücken.

In Access wird das konvertierte Makro als neues Modul im Navigationsbereich angezeigt, wobei auch hier der Modulname aus dem Namen des konvertierten Makros abgeleitet worden ist.

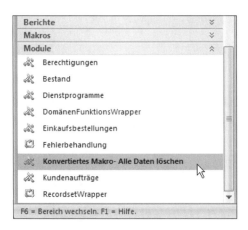

Abb. L1.19: Konvertiertes Makro im Navigationsbereich

VBA in Access 2007

Direkt zu Beginn dieses Abschnitts die gute Nachricht für alle diejenigen, die schon einmal in einer früheren Version von Access mit VBA in Berührung gekommen sind: In Access 2007 hat sich so gut wie nichts verändert – vor allem nicht der VBA-Editor, den Sie im letzten Abschnitt schon kurz kennengelernt haben.

VBA kommt unter Access 2007 zwar in einer neuen Version – 6.5 gegenüber 6.4 in Access 2003 – daher, am Sprachumfang der VBA-Bibliothek als solcher hat sich allerdings nichts geändert.

Alle weiteren Neuheiten einschließlich der dazugehörenden Methoden, Eigenschaften und Ereignisse beziehen sich auf andere Bibliotheken wie beispielsweise die Access-, ADO- oder DAO-Bibliothek. An den entsprechenden Stellen dieses Buchs wird auf diese Zusammenhänge Bezug genommen. Dies bedeutet aber auch, dass wir direkt mit den VBA-Grundlagen beginnen können.

L2 VBA-Grundlagen

In diesem Kapitel bekommen Sie die wichtigsten Hintergrundinformationen rund um VBA. Außerdem lernen Sie die die Arbeitsumgebung – den VBA-Editor – genau kennen. Wir beginnen mit der Beantwortung der naheliegenden Frage, was denn VBA eigentlich ist.

Was ist VBA?

Prozedural

Die Abkürzung VBA steht für *Visual Basic for Applications* oder *Visual Basic für Anwendungen* – ganz wie Sie wollen. VBA, einerseits stark an die bekannte Programmiersprache Basic angelehnt, verfügt andererseits über Elemente bekannter Hochsprachen wie C++ oder Pascal. Dazu zählt in erster Linie die Strukturierung in Prozeduren zur Lösung kleiner, überschaubarer Probleme. Deswegen gehört VBA zu den sogenannten prozeduralen Programmiersprachen.

Automatisierung

Ein weiteres kennzeichnendes Merkmal von VBA ist, dass es nicht nur in Access 2007, sondern in allen Office-2007-Anwendungen verfügbar ist. Dadurch ist es den Benutzern möglich, nicht nur in einer Anwendung, sondern anwendungsübergreifend zu programmieren. Außerdem können Sie auch bestimmte Aufgaben zwischen den einzelnen Office-Anwendungen automatisieren.

Objektorientierung

Denn VBA ist zusätzlich auch noch objektorientiert. Das bedeutet, dass VBA nicht nur über in modernen Programmiersprachen übliche Strukturen wie lokale und globale Variablen, Bedingungs-, Schleifen- und Programmkontrollstrukturen verfügt. VBA versetzt darüber hinaus den Programmierer auch in die Lage, über Objekte und deren Eigenschaften und Methoden zu verfügen.

Dabei ist es unerheblich, ob es sich um Access-Objekte oder Objekte anderer Anwendungen oder Programmbibliotheken handelt. So ist es also relativ einfach möglich, von Access 2007 aus beispielsweise über die Funktionalitäten von Outlook 2007 oder Word 2007 zu verfügen.

Sie finden im Übungsteil zu diesem Thema eine Frage beziehungsweise eine Aufgabe.

Von diesen zugegebenermaßen recht umfangreichen Möglichkeiten von VBA lernen Sie in diesem Buch die folgenden Bereiche näher kennen:

- allgemeine VBA-Sprachelemente

- Access-spezifische Sprachelemente

- Datenzugriffsobjekte DAO (Data Access Objects) bzw. ADO (Active(X) Data Objects)

Prozeduren – Funktionen und Sub-Prozeduren

Als Nächstes ist es wichtig, die genaue Bedeutung einiger zentraler Begriffe in VBA zu klären.

Alle VBA-Programme werden entweder als Funktionen oder Sub-Prozeduren geschrieben. Beide Typen zusammen werden als Prozeduren bezeichnet.

Sie finden im Übungsteil zu diesem Thema eine Frage beziehungsweise eine Aufgabe.

Anweisungen

Anweisung   Eine Prozedur besteht aus *Anweisungen*. Für Anweisungen gilt:

- Anweisungen stehen immer in einer Zeile und sind in VBA geschrieben.

■ Anweisungen beschreiben eine Aktion in VBA.

Nehmen Sie beispielsweise die einfache Aktion *SummeZweier-Zahlen*. Die entsprechende Anweisung für diese Aktion sieht wie folgt aus:

```
SummeZweierZahlen = 4 + 3
```

Beispiele für Prozeduren

Wir beginnen mit den Funktionen. Das wesentliche Merkmal von Funktionen ist, dass sie einen Wert zurückgeben können – aber nicht müssen. Die Einzelheiten dazu werden Sie im weiteren Verlauf dieses Buchs noch genauer kennenlernen.

Definition

VBA kennt zwei grundsätzlich verschiedene Typen von Funktionen: von VBA zur Verfügung gestellte Funktionen und benutzerdefinierte Funktionen. Der erste Typ wird auch als eingebaute Funktionen bezeichnet.

Eingebaute Funktionen

Diese Funktionen werden von VBA sehr zahlreich zur Verfügung gestellt –Datum, Zeit, mathematische Funktionen usw.

Eingebaute Funktionen

Sie finden in der Online-Hilfe zum VBA-Editor eine alphabetisch gegliederte Liste aller VBA-Funktionen.

Der Aufruf der eingebauten Funktion *Now* beispielsweise gibt das Systemdatum und die Systemzeit zurück.

Abb. L2.1: Eingebaute Funktion und ihr Ergebnis

Benutzerdefinierte Funktionen

Definition

Benutzerdefinierte Funktionen werden vom Anwender unter Beachtung bestimmter Regeln erstellt.

Beispiel

Die folgende Funktion überprüft, ob ein bestimmtes Formular geladen ist. Dabei muss der Funktionsname als Argument übergeben werden – IsLoaded("frmStart")

```
Function IsLoaded(ByVal strFormName As String) As Boolean
01   ' Gibt den Wert "True" zurück, wenn das angegebene
     Formular
02   ' in Formularansicht oder Datenblattansicht geöffnet ist.
03   Dim oAccessObject As AccessObject
04   Set oAccessObject = CurrentProject.AllForms(strFormName)
05   If oAccessObject.IsLoaded Then
06     If oAccessObject.CurrentView <> acCurViewDesign Then
07       IsLoaded = True
08     End If
09   End If
End Function
```

Sub-Prozeduren

Definition

Eine benutzerdefinierte Sub-Prozedur kann – im Gegensatz zu einer Funktion – keinen Wert zurückgeben.

Beispiel

Im folgenden Beispiel wird in einer Sub-Prozedur der Pfad der aktuellen Datenbank ausgelesen und in einem Dialogfeld angezeigt.

```
Public Sub ShowPath()
01   Dim strPath As String
02   'Wo befindet sich die Datenbank?
03   strPath = Application.CurrentProject.Path
04   'Am Bildschirm ausgeben
05   MsgBox strPath
End Sub
```

Abb. L2.2: Meldungsfenster

Sie finden im Übungsteil zu diesem Thema eine Frage beziehungsweise eine Aufgabe.

Aufbau von Prozeduren

Eine Prozedur beginnt mit dem Schlüsselwort *Sub* oder *Function*. Die Schlüsselwörter bilden das Grundgerüst für die Sprache VBA.

Schlüsselwörter

Dem Schlüsselwort folgt der Prozedurname, bei diesem Beispiel *ShowPath*. Der Prozedurname muss eindeutig sein. Über den Namen wird eine Prozedur aufgerufen und identifiziert.

Dem Prozedurnamen folgt ein rundes Klammerpaar. Innerhalb der runden Klammern können der Prozedur Argumente (Werte) übergeben werden. Bei der Sub-Prozedur sind die Klammern leer. Es werden also keine Argumente übergeben.

In den nächsten Zeilen folgen die Anweisungen, die zu der Prozedur gehören. Jede Anweisung beschreibt eine Aktion. Die Prozedur endet mit der Anweisung *End Function* beziehungsweise *End Sub*.

Die manuellen Einrückungen in der Prozedur dienen der Übersichtlichkeit. Der Quelltext ist einfacher lesbar. Die Tabulatorenweite kann im VBA-Editor über den Menübefehl *Extras / Optionen* eingestellt werden.

Zulässige Prozedurnamen

Bei der Vergabe von Prozedurnamen sind Sie im Prinzip frei – was in der Realität bedeutet, dass Sie sich trotzdem an ganz bestimmte Konventionen halten müssen.

Sie finden im Übungsteil zu diesem Thema eine Frage beziehungsweise eine Aufgabe.

- Jeder Prozedurname muss mit einem Buchstaben beginnen.

- Die folgenden Zeichen dürfen nicht im Prozedurnamen enthalten sein: Leerzeichen, ., !, @, &, $, #, %, (,), [,], ?, {, }, \ und verschiedene weitere Zeichen.

Damit Sie sich nicht eine Unmenge von Zeichen merken müssen, halten Sie sich an folgende einfache Regel: Beginnen Sie den Prozedurnamen mit einem Buchstaben und verwenden Sie zusätzlich nur noch Zahlen und den Unterstrich _.

- Der Prozedurname darf nicht länger als 255 Zeichen sein.
- Der Prozedurname muss einmalig sein.

Diese Regel gilt für auch für Prozeduren in anderen Modulen derselben Datenbank. Namen von privaten Prozeduren dagegen müssen nur im selben Modul einmalig sein.

- Der Prozedurname darf auch kein reserviertes Wort sein.

Sie finden im Übungsteil zu diesem Thema eine Frage beziehungsweise eine Aufgabe.

Reservierte Worte sind eine Vielzahl von Begriffen und auch Zeichen wie *Database*, *Table*, *Field*, *Name* usw. Eine Aufzählung an dieser Stelle ist ein Ding der Unmöglichkeit.
Aber: Sie finden eine vollständige Liste der reservierten Wörter und Zeichen in der Access-Hilfe.

Abb. L2.3: Liste der reservierten Wörter in Access

Diese hier aufgeführten Bezeichnungsregeln gelten entsprechend auch für die Bezeichnung von Argumenten, Variablen und Konstanten.

Anwendungsbereiche von VBA-Prozeduren

Die Anwendungsbereiche von VBA-Prozeduren sind geradezu unbegrenzt. Die folgenden Beispiele stellen also lediglich eine kleine Auswahl dar, um Ihnen die Möglichkeiten einmal aufzuzeigen.

Benutzerdefinierte Funktionen

Wie schon erwähnt, können Sie zusätzlich zu den eingebauten Access-Funktionen eigene Funktionen erstellen und verwenden. Eine solche benutzerdefinierte Funktion kann in jedem beliebigen Ausdruck verwandt werden.

Die folgende Funktion errechnet aus dem Geburtstag – damit ist der Tag der Geburt gemeint, nicht der Jahrestag! – das Alter

Beispiel

einer Person. Aus Gründen der Übersichtlichkeit fehlt in dem folgenden Code lediglich die Fehlerbehandlung.

```
Function varAlter(dteGeburtsdatum As Variant) As Variant
01   If IsDate(dteGeburtsdatum) Then
02     If DateSerial(Year(Date), Month(dteGeburtsdatum),
       Day(dteGeburtsdatum)) > Date Then
03       'Der Geburtstag war in diesem Jahr noch nicht
04       varAlter = Year(Date) - Year(dteGeburtsdatum) - 1
05     Else
06       'Der Geburtstag war in diesem Jahr schon
07       varAlter = Year(Date) - Year(dteGeburtsdatum)
08     End If
09   End If
End Function
```

Datenzugriff und -manipulation

Mit Hilfe von VBA-Funktionen oder Sub-Prozeduren lassen sich automatisch Daten in Tabellen, Formularen, Abfragen abrufen und bearbeiten. Diese können Sie automatisch ausführen lassen, wenn bestimmte Ereignisse in Formularen oder Berichten eintreten, indem Sie die Prozeduren an entsprechende ereignisorientierte Eigenschaften binden.

Darüber hinaus können Sie in VBA eine Datensatzgruppe Datensatz für Datensatz durchlaufen und beispielsweise für jeden Datensatz bestimmte Operationen ausführen. Auf diese Weise ist es möglich, mit einer einzigen Prozedur sehr große Datenbestände automatisch im Hintergrund zu bearbeiten.

Beispiel

Die folgende Prozedur ändert in der Tabelle *tblArtikel* die Bezeichnung der Kategorie *Nudeln* in *Pasta*.

```
Public Sub KategorieUpdate()
01   Dim dbs As DAO.Database
02   Dim qdf As DAO.QueryDef
03   Set dbs = CurrentDb
04   Set qdf = dbs.CreateQueryDef("")
05   qdf.SQL = "UPDATE tblArtikel SET Kategorie = " & _
```

```
06                  "'Pasta' WHERE Kategorie = " & _
        "'Nudeln'"
07        qdf.Execute dbFailOnError
End Sub
```

Benutzerdefinierte Meldungen

Mit VBA sind Sie nicht auf die Standardfehlermeldungen von
Access angewiesen, sondern Sie können relativ einfach eigene
benutzerdefinierte Fehlermeldungen erstellen.

Außerdem können Sie beispielsweise flexibel auf bestimmte
Formularereignisse reagieren und die Ausführung bestimmter
Aktionen von einer Anwenderreaktion abhängig machen.

Die folgende Funktion überprüft, ob ein bestimmter Vorname   **Beispiel**
bereits in der Datenbank vorhanden ist, und legt diesen nur
dann noch einmal an, wenn der Anwender dies ausdrücklich
bestätigt. Aus Gründen der Übersichtlichkeit fehlt in dem folgenden Code wieder die Fehlerbehandlung.

```
Private Sub Form_BeforeUpdate(Cancel As Integer)
01    If (Not IsNull(DLookup("[txtVorname]", "[tblGebtag]",
      "[txtVorname]=Forms![frmGebtag]![txtVorname]"))) Then
02        Beep
03        If MsgBox("Dieser Vorname ist schon in der Datenbank
          vorhanden !" & vbCrLf & "Soll trotzdem ein neuer
          Datensatz angelegt werden ?", _
04        vbYesNo + vbQuestion + vbDefaultButton2,
          "Eingabeüberprüfung") = vbYes Then
05            Exit Sub
06        Else
07            Cancel = True
08            DoCmd.RunCommand acCmdUndo
09        End If
10    End If
End Sub
```

Wartung von Anwendungen

Mit der Erstellung einer Datenbankanwendung ist es in der Regel nicht getan. Anpassungen und Weiterentwicklung sind ein mindestens genauso wichtiger Arbeitsbereich. Genau an diesem Punkt kommt die Wartung einer Anwendung ins Spiel.

Abgesehen von den schon erwähnten prinzipiellen Nachteilen von Makros bedeutet die Automatisierung einer Anwendung mit Makros, dass eine Vielzahl von Makroobjekten im Navigationsbereich vorhanden ist. Das ist alles andere als übersichtlich.

Da VBA-Code in sogenannten Modulen organisiert ist, lässt sich die Anzahl der Module relativ einfach dadurch begrenzen, dass man den VBA-Code auf eine geringe Anzahl von Modulen verteilt.

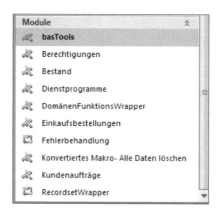

Abb. L2.4:   Module im Navigationsbereich

Darüber hinaus werden die Ereignisprozeduren zusammen mit den Formularen und Berichten, für deren Ereigniseigenschaften sie gelten, in speziellen Klassenmodulen abgelegt. Diese werden stets zusammen mit dem betreffenden Formular beziehungsweise Bericht gespeichert und können folgerichtig auch zusammen mit dem betreffenden Formular exportiert beziehungsweise importiert werden.

Automatisierung

Mit Hilfe der Automatisierung können Sie per VBA eine andere Anwendung nicht nur starten – dies ist auch mit einem Makro möglich –, sondern diese Anwendung auch von Access aus steuern, indem Sie auf Objekte, Eigenschaften und Methoden der anderen Anwendung zugreifen.

So können Sie beispielsweise ohne Weiteres aus Ihrer mit Access erstellten Adressverwaltung heraus den E-Mail-Verkehr mit Outlook erledigen – die E-Mail-Adressen liegen dort ja schließlich bereits vor.

Anwendungsentwicklung

Zur Entwicklung von komplexeren, das heißt leistungsfähigen und auf die Bedürfnisse des Anwenders zugeschnittenen Datenbankanwendungen ist die Verwendung von VBA-Prozeduren unerlässlich. Als Nachweis für diese Behauptung sollten Sie einmal einen intensiveren Blick auf die mit Access 2007 ausgelieferte Beispieldatenbank *Nordwind* werfen. Die dort vorhanden Funktionalitäten gehen bereits weit über die Möglichkeiten der normalen Access-Benutzeroberfläche hinaus.

Projekte und Module in VBA

In diesem Abschnitt geht es um die Organisation von VBA, denn ohne diese ist eine strukturierte und objektorientierte Programmierung nicht zu realisieren.

Projekte

Ein Projekt unter Access ist aus VBA-Sicht die Datenbank als solche. Wenn Sie also eine Datenbank öffnen, öffnen Sie gleichzeitig auch ein VBA-Projekt. Die folgende Abbildung L2.5 stellt das Projekt der Beispieldatenbank *Nordwind* hierarchisch gegliedert im Projekt-Explorer dar.

Abb. L2.5:   Das Projekt *Nordwind*

Aufbau

Sie erkennen auf den ersten Blick die Unterteilung in die drei Hauptobjekte *Microsoft Office Access Klassenobjekte*, *Module* und *Klassenmodule*. Alle diese Objekte enthalten wiederum Unterobjekte, die letztendlich alle Module mit VBA-Code enthalten. Verwaltet werden Projekte im VBA-Editor, den Sie im nächsten Abschnitt kennenlernen werden.

Module

Zwischen den im letzten Abschnitt erwähnten Modulen gibt es einige Unterschiede. Ihnen gemeinsam ist, dass sie VBA-Code als Text in folgender Form enthalten:

Definition

■ eine Gruppe von Deklarationen

■ Prozeduren

Abb. L2.6: Deklarationsbereich eines Moduls, gefolgt von einer Prozedur

Access-Klassenobjekte

Die *Microsoft-Office-Access-Klassenobjekte* werden auch als **Klassenobjekt**
Klassenmodule bezeichnet, weil sie den VBA-Code der entsprechenden Formulare und Berichte enthalten.

Das entscheidende Merkmal ist, dass jede Prozedur zu dem
entsprechenden Klassenobjekt (Formular oder Bericht) gehört
und nicht aus einem anderen Modul heraus aufgerufen werden
kann.

Module

Ein Modul – auch Standard- oder Codemodul genannt – enthält **Standard-**
öffentlichen VBA-Code, der von allen Modulen in einem Projekt **modul**
verwendet werden kann. Sie finden die Module als eigenständige Objekte im Navigationsbereich von Access wieder.

Module werden im Navigationsbereich und im Projekt-Explorer
durch das folgende Symbol gekennzeichnet:

Module können beliebigen VBA-Code enthalten. Es ist jedoch
sinnvoll, den VBA-Code in den einzelnen Modulen zu funktiona-
len Gruppen zusammenzufassen, wie beispielsweise:

■ Datenzugriff

■ Dienstprogramme

■ Formularbehandlung

Dies verbessert in jedem Fall die Übersichtlichkeit.

Klassenmodule

Klassenmodul Ein Klassenmodul ist laut Definition ein Modul, das die Definition einer Klasse enthält, einschließlich der Definition seiner Eigenschaften und Methoden. Klassenmodule ermöglichen es Ihnen, benutzerdefinierte Objekte zu erstellen. Die Prozeduren des Klassenmoduls werden dabei zu Methoden und Eigenschaften des betreffenden Objekts.

Im Gegensatz zu den vorhin erwähnten Formular- und Berichtsmodulen stehen die in den hier erwähnten Klassenmodulen enthaltenen Prozeduren global zur Verfügung. Auch sind diese Klassenmodule ebenfalls eigenständige Objekte im Navigationsbereich von Access.

Klassenmodule werden im Navigationsbereich und im Projekt-Explorer durch das folgende Symbol gekennzeichnet:

Der VBA-Editor im Überblick

Nach diesem leider etwas theorielastigen, aber notwendigen Einstieg wird es jetzt konkret. Sie lernen zunächst die Entwicklungsumgebung, den VBA-Editor, genau kennen.

Der VBA-Editor ist ein eigenständiges Programm, welches nur von einer Office-Anwendung wie beispielsweise Access aufgerufen werden kann. Deswegen erscheint er auch als eigenständiges Programmfenster und muss als solches auch entsprechend bedient werden.

Jede Office-Anwendung hat übrigens ihren eigenen VBA-Editor – doch dies interessiert in unserem Zusammenhang nur am Rande. Der VBA-Editor ist das Werkzeug zum

- Eingeben
- Bearbeiten
- Testen

und

■ Ausführen

von VBA-Programmen.

Aufruf des VBA-Editors

Zum Aufruf des VBA-Editors von Access aus gibt es mehrere Möglichkeiten. Standardmäßig – und möglicherweise etwas umständlich – gehen Sie wie folgt vor:

1 Aktivieren Sie das Register *Datenbanktools*.

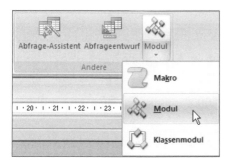

Abb. L2.7: Die Schaltfläche *Visual Basic*

2 Klicken Sie dort im Bereich *Makro* auf die Schaltfläche *Visual Basic*.

Als weitere Standardmöglichkeit bietet sich folgender Weg an:

1 Aktivieren Sie das Register *Erstellen* in der Multifunktionsleiste.

2 Klicken Sie im Bereich *Andere* auf die Schaltfläche *Modul*.

Daraufhin klappt dort ein kleines Menü auf.

3 Wählen Sie dort den Befehl *Modul* aus.

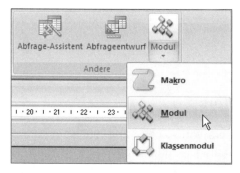

Abb. L2.8: Der Menübefehl *Modul*

Alternativ dazu können Sie auch:

■ die Tasten [Alt] + [F11] drücken

■ bei vorhandenen Modulen im Navigationsbereich auf einen Modulnamen klicken beziehungsweise doppelklicken

Falls ein Formular oder Bericht bereits VBA-Code enthält, gehen Sie bitte wie folgt vor:

1 Öffnen Sie das Formular oder den Bericht in der Entwurfsansicht.

Dann ist auch das Register *Entwurf* aktiviert.

2 Klicken Sie dort im Bereich *Tools* auf das Symbol *Code anzeigen*.

Abb. L2.9: Das Symbol *Code anzeigen*

Alternativ dazu können Sie auch das Steuerelement – beispielsweise eine Schaltfläche –, das den VBA-Code enthält, in der Entwurfsansicht markieren.

1 Rufen Sie dann mit der rechten Maustaste das Kontextmenü auf und wählen Sie dort den Befehl *Ereignis* aus.

Abb. L2.10: Der Menübefehl *Ereignis*

Wie auch immer, der VBA-Editor wird angezeigt und erscheint als Programmfenster, das in verschiedene Fensterbereiche aufgeteilt ist.

Fensterbereiche

Die Anzahl der angezeigten Fensterbereiche ist relativ frei auswählbar. Deswegen kann der VBA-Editor durchaus etwas anders ausschauen als in der folgenden Abbildung L2.11.

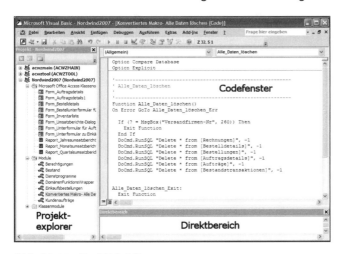

Abb. L2.11: Der VBA-Editor

Die Fensterbereiche

Die Programmbedienung des VBA-Editors erfolgt im Gegensatz zu Access 2007 noch über die herkömmlichen Menü- und Symbolleisten. Das sollte Ihnen hinreichend vertraut sein.

Wichtiger sind allerdings zunächst die verschiedenen Fensterbereiche des VBA-Editors, von denen Sie drei auf der Abbildung L2.11 erkennen können. Das sind allerdings wie schon erwähnt bei weitem nicht alle Fensterbereiche, die Ihnen der VBA-Editor bei Bedarf zur Verfügung stellen kann.

Fensterbereiche ein- beziehungsweise ausblenden

Die Befehle zum Einblenden der verschiedenen Fensterbereiche finden Sie im Menü *Ansicht* vor.

 Sie finden im Übungsteil zu diesem Thema eine Frage beziehungsweise eine Aufgabe.

1 Öffnen Sie das Menü *Ansicht*.

2 Wählen Sie dort den entsprechenden Befehl für das gewünschte Fenster aus oder drücken Sie alternativ die dazugehörende Taste beziehungsweise Tastenkombination.

Abb. L2.12:
Das Menü *Ansicht* des VBA-Editors

Wenn Sie einen Fensterbereich schließen möchten, klicken Sie einfach auf die Schaltfläche *Schließen* in der Titelleiste des betreffenden Fensters.

Wir betrachten nun die wichtigsten Fensterbereiche etwas genauer und beginnen mit dem Codefenster.

Das Codefenster

Sie zeigen das Codefenster mit dem Menübefehl *Ansicht /* **Aufruf**
Code oder der Taste [F7] an.

```
(Allgemein)                        ▼  (Deklarationen)                                    ▼
   Option Compare Database
   Option Explicit

   Function varAlter(dteGeburtsdatum As Variant) As Variant
   On Error GoTo Err_varAlter

   If IsDate(dteGeburtsdatum) Then
      If DateSerial(Year(Date), Month(dteGeburtsdatum), Day(dteGeburtsdatum)) > Date Then
         'Der Geburtstag war in diesem Jahr noch nicht
         varAlter = Year(Date) - Year(dteGeburtsdatum) - 1
      Else
         'Der Geburtstag war in diesem Jahr schon
         varAlter = Year(Date) - Year(dteGeburtsdatum)
      End If
   End If

   Exit_varAlter:
      Exit Function

   Err_varAlter:
      MsgBox "Encountered error:  " & Str$(Err) & Chr(10) & Error$, , "varAlter Error"
      Resume Exit_varAlter

   End Function
```

Abb. L2.13: Das Codefenster

Im Codefenster schreiben Sie die Anweisungen zum Ausführen **Beschreibung**
von Aktionen in VBA. Der VBA-Code, den Sie hier eintippen,
wird bei der Ausführung des Programms zeilenweise, also
sequenziell abgearbeitet.

Sie schreiben beziehungsweise bearbeiten Ihren VBA-Code
prinzipiell wie den Text in einem Textverarbeitungsprogramm,
Zeilenschaltungen fügen Sie durch Drücken der Taste [↵] ein.

Ebenso wie dort stehen Ihnen außer den Grundfunktionen wie
Löschen, Einfügen, Kopieren oder Verschieben von Codeteilen
noch weitere Bearbeitungsmöglichkeiten zur Verfügung, die Sie
über die Menüs *Datei* und *Bearbeiten* aufrufen.

Der Projekt-Explorer

Sie zeigen den Projekt-Explorer mit dem Menübefehl *Ansicht /* **Aufruf**
Projekt-Explorer oder mit den Tasten [Strg] + [R] an.

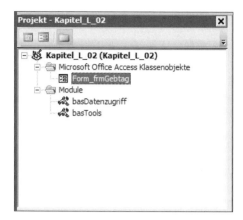

Abb. L2.14: Der Projekt-Explorer

Der wie der Windows-Explorer aufgebaute Projekt-Explorer ermöglicht Ihnen die bequeme Navigation zwischen den einzelnen Objekten eines Projekts. Wenn Sie auf einen Modulnamen doppelklicken, werden im Codefenster die Prozeduren des Moduls angezeigt.

Sie schließen den Projekt-Explorer durch einen Klick auf das Symbol *Schließen* rechts in der Titelleiste.

Das Eigenschaftenfenster

Die Verwendung des *Eigenschaftenfensters* macht nur in Verbindung mit dem Projekt-Explorer Sinn: Wenn Sie dort ein Objekt markieren, werden die zu diesem Objekt gehörenden Eigenschaften angezeigt.

Aufruf Sie zeigen das *Eigenschaftenfenster* entweder mit dem Menübefehl *Eigenschaftenfenster* oder der Taste F4 an (siehe Abbildung L2.15).

Beschreibung Im Eigenschaftenfenster können Sie auch die Einstellungen der angezeigten Eigenschaften für ein Objekt ändern.

Sie schließen das Eigenschaftenfenster durch einen Klick auf das Symbol *Schließen* rechts in der Titelleiste.

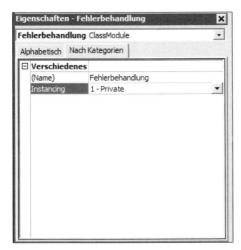

Abb. L2.15: Das Eigenschaftenfenster

Der Objektkatalog

Sie zeigen den Objektkatalog an, indem Sie aus dem Menü **Aufruf**
Ansicht den Befehl *Objektkatalog* auswählen oder die Taste F2
drücken.

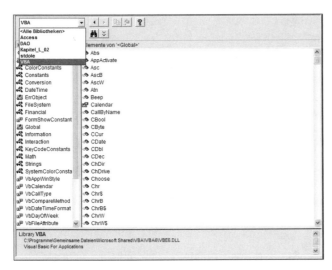

Abb. L2.16: Der Objektkatalog

Beschreibung Im Objektkatalog informieren Sie sich über alle Objekte, Methoden und Eigenschaften der betreffenden Datenbank.

Optionen einstellen

Vor Beginn Ihrer Arbeit mit dem VBA-Editor sollten Sie dort einige wichtige Einstellungen vornehmen. Dies ist rasch erledigt.

> Sie finden im Übungsteil zu diesem Thema eine Frage beziehungsweise eine Aufgabe.

Wir beginnen mit den Einstellungen von einigen sinnvollen Optionen.

1 Wählen Sie aus dem Menü *Extras* den Befehl *Optionen* aus.

Das Dialogfeld *Optionen* wird angezeigt.

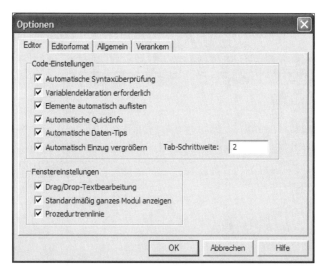

Abb. L2.17: Das Dialogfeld *Optionen*

2 Aktivieren Sie dort das Register *Editor*, falls es nicht aktiviert sein sollte.

Aktivieren oder Deaktivieren der Syntaxüberprüfung

VBA enthält eine automatische Syntaxüberprüfung, die folgende Funktionalität zur Verfügung stellt:

■ Jede Anweisung wird bei der Eingabe auf Syntaxfehler überprüft, wie beispielsweise ein falsch geschriebenes Schlüsselwort, ein fehlendes Trennzeichen oder ein simpler Tippfehler.

Falls ein Fehler vorliegt, werden Sie durch ein Meldungsfenster darüber informiert, dass irgendetwas nicht stimmt. Außerdem wird der fehlerhafte Codebereich farblich hervorgehoben und markiert.

Abb. L2.18: Fehlermeldung

Diese Unterstützung sollten Sie auf jeden Fall in Anspruch nehmen. Auch wenn die automatische Syntaxprüfung in der Realität nicht jeden Fehler aufspürt und die Fehlermeldungen oftmals nicht sonderlich aussagekräftig sind, werden in jedem Fall Ihre mit Sicherheit auftretenden Tippfehler abgefangen.

3 Aktivieren Sie also im Bereich *Code* das Kontrollkästchen *Automatische Syntaxprüfung*, falls es nicht schon aktiviert sein sollte.

Variablendeklaration erzwingen

Sie finden im Übungsteil zu diesem Thema eine Frage beziehungsweise eine Aufgabe.

4 Markieren Sie im Bereich *Code* des Dialogfelds *Optionen* das Kontrollkästchen *Variablendeklaration erforderlich.*

Durch diese Einstellung werden Sie gezwungen, alle Ihre Variablen explizit zu deklarieren. Sie vermeiden dadurch schwer auffindbare Fehler – vor allem in umfangreicheren Projekten. Anschließend erscheint in jedem neuen Modul im Deklarationsbreich die Zeile *Option Explicit.*

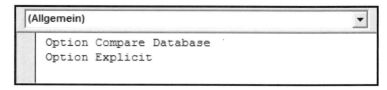

Abb. L2.19: Deklarationsbereich eines Moduls

Sie könnten das Erzwingen der Variablendeklaration auch händisch vornehmen.

Dazu müssten Sie nur in jedem neuen Modul im Deklarationsbereich die Anweisung `Option Explicit` eintippen. Das Einstellen der Option ist natürlich auf jeden Fall bequemer und auch sicherer, weil Sie es dann nicht vergessen können.

Weitere Einstellmöglichkeiten

Die beiden Einstellungen *Automatische QuickInfo* und *Automatische Daten-Tips* zeigen Ihnen während der Codeeingabe Informationen zu Funktionen beziehungsweise Variablen an. Diese Kontrollkästchen sollten also auf jeden Fall aktiviert sein.

Gleiches gilt für die Einstellung *Elemente automatisch auflisten*, die Ihnen ebenfalls bei der Codeeingabe behilflich ist.

5 Schließen Sie das Dialogfeld *Optionen* mit einem Klick auf die Schaltfläche *OK*.

Sicherheit in VBA-Projekten

Sie finden im Übungsteil zu diesem Thema eine Frage beziehungsweise eine Aufgabe.

Der VBA-Editor bietet Ihnen die Möglichkeit, Ihren Programmcode durch ein Kennwort vor unberechtigtem Zugriff zu schützen. Das Stichwort lautet Projektschutz.

Diese Funktion ist vor allem dann sinnvoll und angebracht, wenn Sie Datenbankanwendungen weitergeben. Schließlich ist der vorhandene VBA-Code Ihr geistiges Eigentum.

Ganz abgesehen davon: Durch einen aktivierten Projektschutz verhindern Sie auch, dass jemand an Ihrem VBA-Code herumspielt und sich anschließend bei Ihnen über auftretende Fehler beklagt.

1 Wählen Sie aus dem Menü *Extras* den Befehl *Eigenschaften von [Projektname]* aus.

Kennwortschutz aktivieren

Abb. L2.20: Der Menübefehl *Extras / Eigenschaften*

Das Dialogfeld *Projekteigenschaften* wird angezeigt.

2 Aktivieren Sie dort das Register *Schutz*.

Abb. L2.21: Das Dialogfeld *Projekteigenschaften*, Register *Schutz*

3 Markieren Sie das Kontrollkästchen *Projekt für Anzeige sperren*.

4 Tippen Sie in das Feld *Kennwort* Ihr Kennwort ein.

5 Wiederholen Sie diese Eingabe im Feld *Kennwort bestätigen*.

6 Schließen Sie das Dialogfeld *Projekteigenschaften* mit einem Klick auf die Schaltfläche *OK*.

7 Beenden Sie mit dem Menübefehl *Datei / Schließen und zurück zu Microsoft Office Access* den VBA-Editor.

8 Schließen Sie die aktuelle Datenbank.

Verwechseln Sie den Kennwortschutz für das VBA-Projekt bitte nicht mit dem Datenbankkennwort für Access. Ihre Access-Datenbank muss auch nach Festlegung eines Projektkennwort bei Bedarf noch einmal zusätzlich geschützt werden (Stichwort: Datenbankkennwort).

Nach dem nächsten Neustart der Datenbank werden Sie beim Aufruf eines Moduls zur Kennworteingabe aufgefordert.

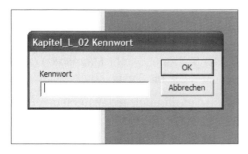

Abb. L2.22: Kennwortabfrage

Sie können dann Ihren VBA-Code nur nach Eingabe des richtigen Kennworts ansehen und bearbeiten. Bewahren Sie Ihr Kennwort also gut auf.

Falls Sie den Kennwortschutz des VBA-Projekts wieder aufheben wollen, gehen Sie folgendermaßen vor: **Kennwortschutz deaktivieren**

1 Öffnen Sie wieder das Dialogfeld *Projekteigenschaften*.

2 Deaktivieren Sie das Kontrollkästchen *Projekt für Anzeige sperren* und löschen Sie einfach die Zeichen in den Feldern *Kennwort* und *Kennwort bestätigen*.

3 Schließen Sie das Dialogfeld *Projekteigenschaften* mit *OK*.

4 Beenden Sie den VBA-Editor und schließen Sie die Datenbank.

Hilfe zu VBA

Hilfe zu VBA und zur Programmierung können Sie an unterschiedlichen Stellen bekommen.

Zunächst einmal verfügt der VBA-Editor über eine Online-Hilfe. Darüber hinaus stellt der VBA-Editor direkte Unterstützung während der Codeeingabe zur Verfügung.

Die Online-Hilfe

VBA unter Access 2007 verfügt über eine neu gestaltete und im Vergleich zu den Vorgängerversionen deutlich erweiterte Online-Hilfe.

1 Wählen Sie aus dem Menü *?* den Befehl *Microsoft Visual Basic-Hilfe* aus oder drücken Sie die Taste [F1].

Das Fenster der Online-Hilfe wird dann als eigenständiges Programmfenster angezeigt.

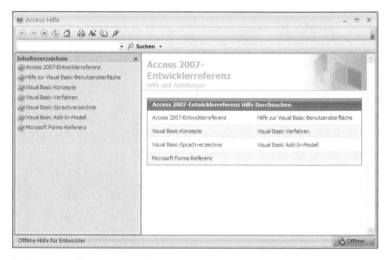

Abb. L2.23: Das VBA-Hilfefenster

Lassen Sie sich durch den Fenstertitel nicht verwirren. Auch wenn dort *Access-Hilfe* in der Titelleiste steht, es ist das Fenster der VBA-Hilfe.

Die Bedienung des Hilfefenster erfolgt genau so, wie Sie es von der Access-Hilfe her kennen.

2 Schließen Sie das Hilfefenster mit einem Klick auf die Schaltfläche *Schließen* rechts in der Titelleiste.

Hilfe während der Codeeingabe – IntelliSense

Sie finden im Übungsteil zu diesem Thema eine Frage beziehungsweise eine Aufgabe.

Bei der Codeeingabe im Codefenster wird eine kontextsensitive Hilfe angeboten, die oftmals aus Eile übersehen und weggeklickt wird. Die Bezeichnung dieser Funktionalität lautet *IntelliSense*.

Nach dem Tippen eines Steuerelementnamens oder eines Befehls wird mit dem Setzen des Punktes ein Fenster geöffnet, das die verfügbaren Methoden (fliegende Objekte) und Eigenschaften (Hände) anbietet.

Abb. L2.24: Methoden

Wenn Sie dort einen Eintrag markiert haben, können Sie ihn einfach durch Drücken der Taste ⇥ in den Code einfügen. Dies ist nicht nur eine ausgesprochene Arbeitserleichterung, sondern verhindert auch von vorneherein die unvermeidlichen Tippfehler.

Funktionsnamen und bestimmte Schlüsselwörter werden, wenn der Cursor das Wort verlässt, mit der Angabe der zur Verfügung stehenden Argumente versehen.

Abb. L2.25: Argumente einer Funktion

Wenn der Cursor im Bereich von Objekt-, Methoden-, Eigenschaftsnamen oder von Schlüsselwörtern steht, können Sie mit der Taste [F1] die Online-Hilfe aufrufen. In der Regel wird dann direkt der zu diesem Begriff passende Abschnitt der Online-Hilfe angezeigt. Falls nicht, landen Sie im Inhaltsverzeichnis der Hilfe.

Bei dem hier gezeigten Beispiel stand der Cursor im Namen der Funktion *DateAdd*.

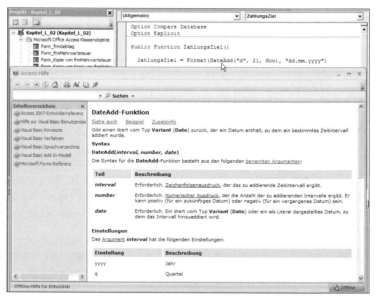

Abb. L2.26: Hilfe zur Funktion *DateAdd*

Wenn Sie oben im Hilfefenster auf den Hyperlink *Beispiel* klicken, wird ein Beispielcode zu der Funktion *DateAdd* angezeigt.

VBA-Editor beenden

Um vom VBA-Editor zum Access-Fenster zurückzukommen, haben Sie verschiedene Möglichkeiten:

- Sie drücken die Tasten [Alt] + [F11].

- Sie klicken auf das Symbol *Ansicht Microsoft Office Access* in der Symbolleiste.

Abb. L2.27: Das Symbol *Ansicht Microsoft Office Access*

Außerdem können Sie noch in der Taskleiste von Windows auf das Access-Symbol klicken. Allen diesen Möglichkeiten ist gemeinsam, dass der VBA-Editor als Programm geladen bleibt.

Wenn Sie den VBA-Editor als Programm beenden wollen, wählen Sie entweder aus dem Menü *Datei* den Befehl *Schließen und zurück zu Microsoft Office Access,* oder Sie drücken die Tasten [Alt] + [Q].

Bei keinem dieser Fenster- beziehungsweise Anwendungswechsel wird übrigens gespeichert. Sie werden auch nicht gefragt, ob Sie speichern wollen.

Es geht allerdings auch keine mit dem VBA-Editor vorgenommene Änderung verloren, weil das gesamte VBA-Projekt Bestandteil der Datenbankdatei von Access ist, die ja weiterhin geöffnet ist. Das Speichern beziehungsweise die Nachfrage erfolgt spätestens beim Beenden von Access.

L3 Prozeduren erstellen und ausführen

Nachdem wir im letzten Kapitel den VBA-Editor kennengelernt haben, werden wir nun praktisch mit Prozeduren arbeiten.

Es gibt verschiedene Möglichkeiten, in Access neue Prozeduren anzulegen. In diesem Abschnitt finden Sie dafür jeweils ein Beispiel.

Für die ersten beiden Beispiele, bei denen die Prozeduren in einem globalen Modul angelegt werden, benötigen Sie logischerweise ein solches Modul. Wenn noch kein Modul in Ihrer Datenbank vorhanden sollte, dann müssen Sie zunächst eines anlegen.

Modul einfügen und entfernen

Sie finden im Übungsteil zu diesem Thema eine Frage beziehungsweise eine Aufgabe.

Sie können ein neues Modul entweder aus Access heraus oder im VBA-Editor anlegen. Das Anlegen eines Moduls aus Access heraus haben Sie bereits kennengelernt. Im VBA-Editor gehen Sie bitte wie folgt vor:

1 Öffnen Sie das Menü *Einfügen* und wählen Sie dort den Befehl *Modul* aus.

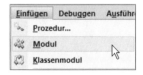

Abb. L3.1:
Der Menübefehl *Einfügen / Modul*

Das neue Modul erhält automatisch den Namen *Modul1*. Da eine solche Bezeichnung äußerst nichtssagend ist, vergeben

Sie am besten direkt einen sprechenden Namen für das neue Modul. Dieser sollte natürlich vom vorgesehenen Verwendungszweck beziehungsweise Inhalt abhängig sein. Stellen Sie dabei dem Namen ein kennzeichnendes Präfix wie beispielsweise *bas* (für Basic) oder *mdl* (für Modul) voran.

2 Klicken Sie auf das Symbol *Speichern* in der Symbolleiste oder drücken Sie die Tasten ⌊Strg⌋ + ⌊S⌋.

3 Tippen Sie im folgenden Dialogfeld *Speichern unter* in das Feld *Modulname* basTest und klicken Sie auf die Schaltfläche *OK*.

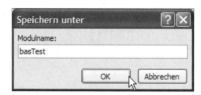

Abb. L3.2:
Speichern eines Moduls

Das Umbenennen und Speichern des neuen Moduls, das nach dem Anlegen auch als neues Objekt im Navigationsbereich von Access vorhanden ist, können Sie natürlich auch dort erledigen.

Der Vollständigkeit halber bleibt jetzt noch das Löschen oder Entfernen eines Moduls im VBA-Editor.

1 Markieren Sie zunächst das Modul im Projekt-Explorer.

2 Wählen Sie dann aus dem Kontextmenü den Befehl *Entfernen von [Modulname]* aus.

Daraufhin werden Sie durch ein Dialogfeld gefragt, ob Sie das betreffende Modul vor dem Entfernen exportieren möchten oder nicht.

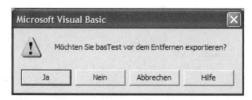

Abb. L3.3:   Exportieren *Ja* oder *Nein*

Lernen 3: Prozeduren erstellen und ausführen

Wenn Sie in diesem Dialogfeld auf die Schaltfläche *Ja* klicken, **Export**
wird das Dialogfeld *Datei exportieren* angezeigt.

Abb. L3.4: Das Dialogfeld *Datei exportieren*

In diesem Dateiauswahldialog wählen Sie wie gewohnt einen Speicherordner aus. Der vorgeschlagene Dateityp *.bas* ist übrigens nichts anderes als eine ganz normale Textdatei, die ansonsten in der Regel die Dateiendung *txt* hat.

> Auf diese Art und Weise können Sie einerseits nicht benötigte Module aus Ihrer Datenbank entfernen – also aufräumen – und andererseits ein Archiv von wiederverwendbaren Prozeduren anlegen.

Denn: Solche exportierten Textdateien – und auch andere Textdateien – können Sie leicht über den Menübefehl *Datei / Datei importieren* wieder in den VBA-Editor einfügen. Das aber nur am Rande, weil es gerade in diesen Zusammenhang hineinpasst.

Wir wollten allerdings das Modul lediglich entfernen.

3 Beantworten Sie die Frage, ob das Modul exportiert werden soll, mit einem Klick auf die Schaltfläche *Nein*.

Damit haben Sie das Modul gelöscht.

Globale Prozedur erstellen

Wir beginnen wie gesagt mit der Erstellung einer Prozedur in einem globalen Modul.

Beispiel

Konkret erstellen wir eine Funktion, die zum aktuellen Datum 21 Tage addiert. Eine solche Funktion kann beispielsweise zum Festlegen eines Zahlungsziels eingesetzt werden.

1 Wählen Sie aus dem Menü *Einfügen* den Befehl *Prozedur* aus.

Das Dialogfeld *Prozedur hinzufügen* wird angezeigt.

Abb. L3.5: Das Dialogfeld *Prozedur hinzufügen*

2 Tippen Sie in das Feld *Name* ZahlungsZiel ein.

3 Wählen Sie im Bereich *Typ* die Option *Function* aus.

4 Bestätigen Sie Ihre Auswahl mit einem Klick auf die Schaltfläche *OK*.

Prozedurrumpf

Im Codefenster werden jetzt die Anfangs- und Endzeile der Funktion sowie eine leere dazwischen liegende Zeile angezeigt, in die Sie Ihren Code schreiben können. Das ist der sogenannte Prozedurrumpf.

```
Option Compare Database
Option Explicit


Public Function ZahlungsZiel()

End Function
```

Abb. L3.6: Prozedurrumpf im Codefenster

Weitere Programmzeilen erzeugen Sie durch Drücken der
Taste ⏎.

Sie finden im Übungsteil zu diesem Thema eine Frage beziehungsweise eine Aufgabe.

Grundsätzlich ist es zwar möglich, mehrere Anweisungen in
eine Zeile zu schreiben, wenn Sie zwischen die einzelnen
Anweisungen einen Doppelpunkt eintippen:

`Anweisung1 : Anweisung2`

Sie sollten jedoch besser für jede weitere VBA-Anweisung eine
neue Zeile verwenden, weil dies zur Übersichtlichkeit Ihres
Codes beiträgt.

5 Drücken Sie zweimal die Taste ⏎, um zwei Leerzeilen   **Codeeingabe**
einzufügen.

6 Setzen Sie dann den Cursor vor die mittlere Zeile und drücken Sie die Taste ⭾, um diese Zeile einzurücken.

Das Einrücken von Programmzeilen ist für die Lesbarkeit und
Übersichtlichkeit von ganz entscheidender Bedeutung. Bei
umfangreicheren Prozeduren ist dies geradezu offensichtlich.

7 Tippen Sie in den Prozedurrumpf die folgende Codezeile
ein: `ZahlungsZiel = Format(DateAdd("d", 21, Now),`
`"dd.mm.yyyy")`.

Ihre Funktion im Codefenster sollte danach vom Codelayout her
wie in der folgenden Abbildung L3.7 ausschauen – gut strukturiert und deshalb auch übersichtlich:

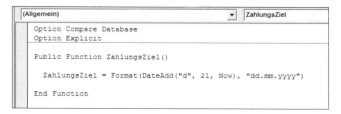

Abb. L3.7: Die Funktion im Codefenster

Kompilieren

🔢 Wählen Sie aus dem Menü *Debuggen* den Befehl *Kompilieren* aus.

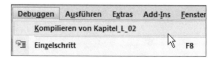

Abb. L3.8: Der Menübefehl *Debuggen / Kompilieren*

Bei der Kompilierung findet unter anderem eine weitergehende Syntaxüberprüfung statt. Außerdem erkennen Sie Kompilierfehler schon vor der Ausführung der Prozedur.

Speichern

🔢 Speichern Sie das Modul, indem Sie auf das Symbol *Speichern* in der Symbolleiste klicken oder die Tasten `Strg` + `S` drücken.

Die beiden letzten Arbeitsschritte – Kompilieren und Speichern – sollten Sie bei der Erstellung von Prozeduren immer ausführen.

Sie finden im Übungsteil zu diesem Thema eine Frage beziehungsweise eine Aufgabe.

Beschreibung der Funktion

In der Funktion ZahlungsZiel werden drei weitere eingebaute Funktionen benutzt, um zu dem gewünschten Ziel zu kommen. Aber lassen Sie uns am Anfang beginnen:

- Damit eine Funktion einen Wert zurückgeben kann, muss dieser Wert zunächst der Funktion selbst zugewiesen werden. Deswegen beginnt die Anweisung mit dem Funktionsnamen gefolgt von einem Gleichheitszeichen: `Zahlungs-Ziel =`.

Beschreibung

- Die Funktion `DateAdd` addiert das Zeitintervall 21 in Tagen (Argument `d`) zum aktuellen Datum hinzu, das wiederum die Funktion `Now` liefert.

- Die Funktion `Format` stellt das Ergebnis in der hierzulande gebräuchlichen Form tt.mm.jjjj dar.

Das ist alles nicht sonderlich kompliziert, und das Ergebnis können Sie sich im Direktbereich anschauen.

Prozedur im Direktbereich ausführen

Sie finden im Übungsteil zu diesem Thema eine Frage beziehungsweise eine Aufgabe.

Der Direktbereich ist ein weiteres der vielen Fenster des VBA-Editors. Dieses Fenster ist ein vorzügliches Werkzeug zum Ausführen und Testen von Prozeduren, Variablen und Ausdrücken.

Direktfenster

Falls das Direktfenster – unterhalb des Codefensters platziert – bei Ihnen nicht angezeigt wird, wählen Sie aus dem Menü *Ansicht* den Befehl *Direktfenster* aus oder drücken Sie die Tasten Strg + G.

1 Setzen Sie dann einfach den Cursor in das Direktfenster und tippen Sie dort `? ZahlungsZiel` ein.

Das Fragezeichen `?` ist die abgekürzte Schreibweise für den VBA-Befehl `print`, der für die Ausgabe im Direktfenster verantwortlich ist.

2 Drücken Sie dann die Taste ⏎.

Das Ergebnis schaut dann wie in der folgenden Abbildung aus.

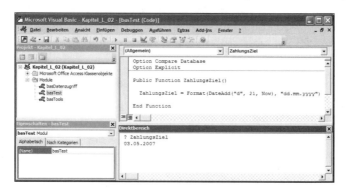

Abb. L3.9: Funktionsergebnis im Direktbereich

Damit wäre dann auch dokumentiert, an welchem Tag diese Zeilen geschrieben wurden.

VBA-Code im Codefenster eingeben

Sie können eine neue Prozedur auch direkt im Codefenster erstellen, also ohne den Menübefehl *Einfügen / Prozedur* und das darauf folgende Dialogfeld zu verwenden. Sie haben dann lediglich etwas mehr Tipparbeit, weil Sie auch den Prozedurrumpf selber erstellen müssen.

Beispiel

Das nächste Beispiel soll eine einfache Eingabe-/Ausgabeoperation zeigen. Ein Dialogfeld fragt den Anwender nach dessen Namen und zeigt diesen dann in einem zweiten Dialogfeld an.

1 Tippen Sie im Codefenster in eine neue Zeile nach einer bestehenden Prozedur `Public Sub FrageAntwort ()` ein.

2 Drücken Sie dreimal die Taste [⏎] und tippen Sie `End Sub` ein.

Damit ist der Prozedurrumpf fertiggestellt.

3 Setzen Sie den Cursor in die zweite Zeile und tippen Sie dort den folgenden VBA-Code ein:

```
Dim strInput As String

Dim strOutput As String

strInput = InputBox("Wie heißen Sie?", "Frage:")

strOutput = MsgBox("Sie heißen " & strInput & ".", ,
"Antwort:")
```

4 Wählen Sie aus dem Menü *Debuggen* den Befehl *Kompilieren* aus.

5 Speichern Sie das Modul, indem Sie auf das Symbol *Speichern* in der Symbolleiste klicken oder die Tasten ⎡Strg⎤ + ⎡S⎤ drücken.

Die fertige Prozedur sollte im Codefenster wie in der folgenden Abbildung L3.10 ausschauen.

```
Public Sub FrageAntwort()

  Dim strInput As String
  Dim strOutput As String

    strInput = InputBox("Wie heißen Sie?", "Frage:")
    strOutput = MsgBox("Sie heißen " & strInput & ".", , "Antwort:")

End Sub
```

Abb. L3.10: Prozedur im Codefenster

Beschreibung der Prozedur

Auch diese Prozedur ist im Grunde genommen trivial. Sie ruft zwei eingebaute Access-Funktionen auf: *InputBox* und *Msg-Box*.

Beschreibung

Die Funktion *InputBox* nimmt eine Eingabe des Anwenders entgegen und speichert diese in der Variablen *strInput*. Die Funktion *MsgBox* gibt den Inhalt dieser Variablen zusammen mit einem ergänzenden Text in einem Meldungsfenster aus. Dabei wird der Verkettungsoperator & benutzt.

Zusätzlich werden noch die Titel der beiden Dialogfelder in *Frage:* beziehungsweise *Antwort:* geändert – damit das Ganze ein bischen persönlicher ausschaut. Standardmäßig stände dort nämlich *Microsoft Office Access* als Überschrift.

Prozedur im Codefenster ausführen

Sie können eine Prozedur auch direkt im Codefenster ausführen. Gehen Sie zum Testen der gerade erstellten Prozedur wie folgt vor:

Ausführung

1 Setzen Sie den Cursor im Codefenster direkt vor das erste Zeichen der Prozedur.

2 Wählen Sie dann aus dem Menü *Ausführen* den Befehl *Sub/UserForm ausführen* oder drücken Sie die Taste F5.

Die Eingabeaufforderung wird angezeigt.

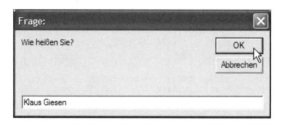

Abb. L3.11: Eingabeaufforderung

3 Tippen Sie *Ihren Namen* ein und klicken Sie auf die Schaltfläche *OK*.

Daraufhin wird das Meldungsfenster angezeigt.

Abb. L3.12: Meldungsfenster

4 Schließen Sie das Meldungsfenster ebenfalls mit einem Klick auf *OK*.

Sie können unsere Sub-Prozedur auch auf die gleiche Weise wie die Funktion aus dem vorherigen Beispiel vom Direktfenster aus aufrufen. Allerdings dürfen Sie dabei nicht den VBA-Befehl *print* bzw. das Fragezeichen *?* voranstellen, weil Sub-Prozeduren keine Werte zurückgeben.

Der Aufruf ist einfach der Prozedurname *FrageAntwort,* gefolgt vom Drücken der Taste ⌁.

Ereignisprozedur erstellen

Ereignisprozeduren in Access sind an Ereignisse in Formularen und Berichten gebunden. Auf die Vielzahl der dort möglichen Ereignisse (Öffnen des Formulars, Datensatzwechsel, Schließen usw.) kann hier aus naheliegenden Gründen nicht näher eingegangen werden – die wichtigsten Ereignisse lernen Sie im Verlaufe dieses Buchs sowieso kennen.

Definition

Das Interessante an diesen Ereignissen aus VBA-Sicht ist, dass sich ihnen Prozeduren zuordnen lassen. Solche Prozeduren werden ausgeführt, sobald das betreffende Ereignis eintritt. Dazu ein einfaches Beispiel:

Das Formular in der folgenden Abbildung L3.13 verfügt über drei ungebundene – also nicht an Tabellenfelder gebundene – Textfelder: *curNettopreis*, *curMehrwersteuer* und *curBruttoPreis*.

Beispiel

Abb. L3.13: Formular mit drei Textfeldern

Nachdem in das Feld *curNettoPreis* eine Zahl eingegeben wurde, sollen in den beiden anderen Feldern die entsprechenden Werte errechnet werden – mittels einer Ereignisprozedur.

Das ausschlaggebende Ereignis für die Berechnung ist das Ereignis *Nach Aktualisierung* oder *AfterUpdate* des Textfelds *curNettoPreis*. Damit ist bereits alles gesagt.

1 Öffnen Sie das betreffende Formular in der Entwurfsansicht und markieren Sie das betreffende Textfeld.

2 Wählen Sie dann aus dem Kontextmenü den Befehl *Eigenschaften* aus.

Das Dialogfeld *Eigenschaftenblatt* wird angezeigt. Die Eigenschaft *Format* der drei Textfelder sollte auf den Wert *Euro* oder *Währung* eingestellt sein beziehungsweise werden.

3 Aktivieren Sie dann das Register *Ereignis* und öffnen Sie das Listenfeld *Nach Aktualisierung*.

4 Wählen Sie dort den Eintrag *[Ereignisprozedur]* aus und klicken Sie anschließend auf die kleine Schaltfläche mit den drei Punkten rechts neben dem Listenfeld.

Abb. L3.14: Das Listenfeld *Nach Aktualisierung*

Daraufhin wird der VBA-Editor mit einem leeren Modul geöffnet. Der Prozedurrumpf für die Ereignisprozedur *Private Sub curNettoPreis_AfterUpdate()* ist bereits fertig erstellt.

Abb. L3.15: Prozedurrumpf der Ereignisprozedur

5 Tippen Sie die beiden folgenden Zeilen VBA-Code ein: **Codeeingabe**

```
Private Sub curNettoPreis_AfterUpdate()
01    [curMehrwertsteuer] = [curNettoPreis] * 0.19
02    [curBruttoPreis] = [curNettoPreis] +
[curMehrwertsteuer]
End Sub
```

6 Wählen Sie aus dem Menü *Debuggen* den Befehl *Kompilieren* aus.

7 Speichern Sie das Modul, indem Sie auf das Symbol *Speichern* in der Symbolleiste klicken oder die Tasten ⌗Strg⌗ + ⌗S⌗ drücken.

8 Schließen Sie mit den Tasten ⌗Alt⌗ + ⌗Q⌗ den VBA-Editor und kehren Sie zu Access zurück.

9 Testen Sie Ihre Prozedur und schließen Sie dann das Formular.

Beschreibung der Prozedur

Die Ereignisprozedur besteht nur aus zwei Anweisungen. Die **Beschreibung**
erste Anweisung in Zeile 01 weist dem Feld *curMehrwertsteuer* das Produkt aus dem Inhalt des Feldes *curNettoPreis* und der Zahl 0,19 zu. Das ist also die Mehrwertsteuerberechnung.

> Im VBA-Code müssen Sie statt des Dezimalkommas den Dezimalpunkt verwenden – VBA stammt schließlich aus den USA, und dort wird der Dezimalpunkt gebraucht.

Die zweite Anweisung weist dem Feld *curBruttoPreis* die Summe der beiden anderen Felder zu. Damit ist die Aufgabenstellung dieser Prozedur schon erfüllt.

Prozeduraufruf Die Ereignisprozedur wird aufgerufen, wenn das Feld *curNetto-Preis* nach der Zahleneingabe den Fokus verliert, das heißt, es tritt das Ereignis *AfterUpdate ein*.

Diese Berechnung an sich ist mathematisch betrachtet nicht viel mehr als das kleine Einmaleins. Doch darum geht es hier nicht, sondern:

Die eben vorgestellte Berechnung hätte auch ohne VBA realisiert werden können, indem entsprechende Ausdrücke zur Berechnung als Steuerelementinhalt der beiden Felder *curMehrwersteuer* und *curBruttoPreis* festgelegt worden wären. Warum also solch eine Berechnung mit VBA?

Für eine Berechnung mit VBA sprechen zwei gute Gründe – der dritte, dass es sich es sich hier um ein Buch über VBA handelt, ist gar nicht mal dabei:

Vorteile von VBA Der erste Grund ist, dass VBA-Code deutlich schneller abgearbeitet wird als berechnete Ausdrücke, die als Steuerelementinhalt von Steuerelementen eingestellt sind. Das ist schon mal ein guter Grund.

Beim zweiten Grund geht es um die Begriffe Wartung und Übersichtlichkeit. Stellen Sie sich vor, Sie müssen in einem Formular bei zehn berechneten Steuerelemente etwas ändern. Dann müssen Sie im Eigenschaftenblatt die einzelnen Steuerelemente suchen, bei den Änderungen aufpassen, dass Sie sich nicht vertippen, und am besten nebenbei noch eine Liste führen, wo Sie schon was geändert haben.

Das mag ein überspitztes Beispiel sein, aber die Erledigung einer solchen Arbeit im VBA-Editor ist auf jeden Fall einfacher und komfortabler – zumal der VBA-Editor auch über die Funktion *Suchen und Ersetzen* verfügt.

Geltungsbereiche von Prozeduren

In diesem Abschnitt geht es die Beantwortung der Frage, von wo aus Prozeduren in einer Access-Datenbank eigentlich aufgerufen werden können. Das genau ist nämlich mit dem Begriff *Geltungsbereich* gemeint.

Ihnen ist mit Sicherheit aufgefallen, dass alle bisher vorgestellten Prozeduren mit dem Schlüsselwort *Public* beginnen. Dieses Schlüsselwort steht für *öffentlich*. Das Gegenstück dazu ist das Schlüsselwort *Private*. Bei der Erstellung der Beispielprozedur zu Beginn dieses Kapitels hatten Sie die Auswahl zwischen diesen beiden Schlüsselwörtern. **Public und Private**

Außerdem spielt es eine nicht unerhebliche Rolle, ob sich eine Prozedur in einem Standardmodul oder einem Formular- beziehungsweise Berichtsmodul, also Klassenmodul befindet.

Damit sind alle Fragen aufgeworfen, die es nun der Reihe nach zu beantworten gilt.

Prozeduren in Standardmodulen

Bei Prozeduren in Standardmodulen wird der Geltungsbereich durch die Kennzeichnung mit *Public* oder *Private* bestimmt.

Sie finden im Übungsteil zu diesem Thema eine Frage beziehungsweise eine Aufgabe.

Public-Prozeduren können von jedem Bereich der Datenbankanwendung aus aufgerufen werden. Ihr Geltungsbereich ist also anwendungsweit. **Public-Prozeduren**

Private-Prozeduren dagegen können nur von Prozeduren aufgerufen werden, die sich im selben Modul befinden. **Private-Prozeduren**

Aus diesen beiden einfachen Regeln ergibt sich in der Praxis quasi zwangsläufig die Konsequenz, dass sich in einem Standardmodul mindestens eine *Public*-Prozedur befindet, die dann als Schnittstelle zu anderen Objekten der Anwendung fungiert.

Nur der Vollständigkeit halber an dieser Stelle: Wenn Sie beim Anlegen einer Prozedur weder *Public* noch *Private* festlegen, gilt diese Prozedur automatisch als *Public* oder öffentlich.

Prozeduren in Formular- und Berichtsmodulen

Private-Prozeduren

In Formular- und Berichtsmodulen sind die Verhältnisse etwas anders. Dies trifft nicht auf *Private*-Prozeduren zu, die hier ebenfalls nur von Prozeduren aufgerufen werden, die sich im selben Modul befinden.

Public-Prozeduren

Grundsätzlich trifft diese Regel auch auf *Public*-Prozeduren in Klassenmodulen zu. Eine *Public*-Prozedur kann allerdings dann von außerhalb eines Klassenmoduls aufgerufen werden, wenn beim Aufruf der Name des Klassenmoduls in folgender Form vorangestellt wird:

```
Klassenmodulname.Prozedurname
```

Sie finden im Übungsteil zu diesem Thema eine Frage beziehungsweise eine Aufgabe.

Bei Formularen beginnt der Klassenmodulname immer mit dem Präfix *Form_*, gefolgt von dem Formularnamen. Bei Berichten lautet das Präfix *Report_*, daran schließt sich der Berichtsname an.

Wenn der Formular- oder Berichtsname Leer- beziehungsweise Sonderzeichen enthält, muss der Klassenmodulname in eckigen Klammer stehen. Also beispielsweise *[Form_Meine Adressen]* oder *[Report_Umsatz 2007]*.

Prozeduraufrufe

Prozeduraufrufe im Codefenster und im Direktbereich sind zwar zum Ausprobieren und Testen sinnvoll und praktikabel. Allerdings entspricht dieses Szenario nicht so ganz der Realität bei der Programmierung von Datenbankanwendungen.

Beim Proceduraufruf ist zunächst zwischen Sub-Prozeduren und Funktionen zu unterscheiden.

Aufruf von Sub-Prozeduren

Sub-Prozeduren können nur von anderen Prozeduren aus aufgerufen werden. Dazu stellt VBA die *Call*-Anweisung zu Verfügung. Die allgemeine Syntax lautet:

Call-Anweisung

```
Call <Prozedurname>
```

Syntax

Mit der folgenden Anweisung können Sie also die in diesem Kapitel erstellte Sub-Prozedur *FrageAntwort* aus einer anderen Prozedur heraus aufrufen:

Beispiel

```
Call FrageAntwort
```

Die Verwendung des Schlüsselwortes *Call* ist übrigens wahlfrei – Sie können es auch weglassen. Folgender Aufruf wäre also auch möglich:

```
FrageAntwort
```

Sie sollten es trotzdem verwenden, weil Ihr VBA-Code dadurch besser lesbar und vor allem auch verständlicher ist: jeder weiß dann genau, worum es in dieser Anweisung geht.

Aufruf von Funktionen

Sie finden im Übungsteil zu diesem Thema eine Frage beziehungsweise eine Aufgabe.

Funktionen können von allen Access-Objekten aus, also beispielsweise auch von Formularen oder Berichten aus, aufgerufen werden. Voraussetzung dafür ist natürlich, dass die aufgerufene Funktion, falls sie sich nicht im Klassenmodul des betreffenden Objekts befindet, öffentlich ist. Aber das ist Ihnen mit Sicherheit klar.

Daraus ergibt sich, dass Sie beispielsweise auch eine Funktion als Ereigniseigenschaft für ein Formular, einen Bericht oder ein Steuerelement angeben können.

Sie finden im Übungsteil zu diesem Thema eine Frage beziehungsweise eine Aufgabe.

Beispiel

In dem folgenden Beispiel wird ein Funktionsaufruf für das Ereignis *Vor Aktualisierung* eines Steuerelements in einem Formular festgelegt.

1 Öffnen Sie das betreffende Formular in der Entwurfsansicht.

2 Markieren Sie das betreffende Steuerelement und wählen Sie aus dem Kontextmenü den Befehl *Eigenschaften* aus.

Das Dialogfeld *Eigenschaftenblatt* wird angezeigt.

3 Aktivieren Sie dort am besten das Register *Ereignis* und wählen Sie dort das Ereignis *Vor Aktualisierung* aus.

4 Tippen Sie dann =NameDerFunktion() ein.

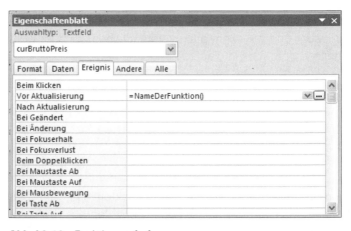

Abb. L3.16: Funktionsaufruf

Achten Sie bitte darauf, den Funktionsnamen angeführt von einem Gleichheitszeichen und abgeschlossen mit einem Klammerpaar einzutippen.

5 Speichern Sie die Änderung und schließen Sie die Entwurfsansicht des Formulars.

Während die Verwendung der gewöhnlichen Ereignisprozeduren auf die entsprechenden Klassenmodule begrenzt ist, können Sie auf diese Weise faktisch Ereignisprozeduren erstellen, die formular- beziehungsweise berichtsübergreifend einsetzbar sind. Die entsprechenden Funktionen brauchen dazu lediglich als öffentlich in einem Standardmodul deklariert zu sein.

Formular- und berichtsübergreifende Ereignisprozeduren

Damit ist Thema Prozeduren zunächst einmal abgeschlossen. Das noch fehlende Element – die Parameterübergabe – lernen Sie im nächsten Kapitel im Zusammenhang mit den Themenbereichen *Datentypen* und *Variablen* kennen.

L4 VBA-Sprachelemente

In diesem recht umfangreichen Kapitel geht es wieder theoretischer zu – doch das lässt sich nun einmal nicht vermeiden. Sie lernen hier wichtige VBA-Sprachelemente kennen, ohne die das Verständnis und die Durchführung von VBA-Programmierung nicht möglich ist:

- Syntaxregeln
- Datentypen
- Variablen
- Konstanten
- Ausdrücke
- Operatoren
- Prozedurargumente

Syntaxregeln

In diesem Abschnitt lernen Sie die restlichen bisher noch nicht erwähnten VBA-Syntaxregeln kennen.

Anweisungen

Anweisungen bestehen aus einem Ausdruck, der automatisch mit dem Verlassen einer Zeile abgeschlossen ist. Jede Zeile sollte aus Gründen der Übersichtlichkeit nur eine Anweisung enthalten, obwohl Sie mehrere Anweisungen in einer Zeile durch den Doppelpunkt : voneinander trennen können.

`Anweisung_1 : Anweisung_2 : Anweisung_3 : Anweisung_n`   **Syntax**

Falls die Anweisung zu lang für eine Zeile wird, kann sie auch in der folgenden Zeile fortgesetzt werden.

1 Drücken Sie dazu am Ende der Zeile die Taste ⌷Leer⌷ und tippen Sie den Unterstrich _ ein.

---

2 Drücken Sie dann die Taste [⏎] und setzten Sie die Anweisung in der folgenden Zeile fort.

Abb. L4.1: Zeilenumbruch in einer Anweisung

Kommentare

Kommentare dienen in erster Linie dazu, Ihren VBA-Code zu erläutern. Zumindest sollte zu Beginn jeder Prozedur kurz der Verwendungszweck der Prozedur festgehalten werden.

Syntax

Kommentare leiten Sie mit dem Hochkomma ' oder dem Schlüsselwort *Rem* ein.

Abb. L4.2: Kommentierte Prozedur

Das Schlüsselwort *Rem* – nur noch relativ selten gebraucht – muss dabei zwingend am Anfang der Zeile stehen, während das Hochkomma auch einen Kommentar hinter einer Anweisung einleiten kann.

Kommentare in einer Prozedur können sich auf eine einzelne Zeile oder einen Zeilenblock beziehen. Rücken Sie die Kommentarzeile(n) auf jeden Fall genauso weit ein wie die entsprechende Programmzeile. So wird auf den ersten Blick deutlich, wozu der Kommentar gehört.

Die Verwendung von Kommentaren ist auch noch für die folgenden Zwecke sinnvoll:

■ Ein kommentierter Bereich im Kopf einer Prozedur, um zusätzlich noch Erstellungs- und Änderungsdatum, die Eingangs- und Ausgangsparameter und eine Änderungshistorie zu dokumentieren.

Anwendungsbereiche von Kommentaren

```
Option Compare Database
Option Explicit

Private Sub CboEmailBeschreibung_NotInList(NewData As String, Response As Integer)
'---------------------------------------------------------------------------
' Modul     : Form_sfrmAdresseEmail
' Procedure : Sub CboEmailBeschreibung_NotInList
' Done      : 01.12.2005 16:08
' Last mody : 01.12.2005 16:08
' Author    : kagewe IT
' Purpose   : Neuer Datensatz im Kombifeld: ADO
'---------------------------------------------------------------------------
```

Abb. L4.3: Kommentierter Kopfbereiche einer Prozedur

■ Auskommentieren von Zeilen beim Ausprobieren oder Testen, um eine alte Version, die eventuell noch gebraucht wird, nicht endgültig zu löschen.

■ Hinweis auf noch zu erledigende Tätigkeiten oder als Gedächtnisstütze.

Codeblöcke auskommentieren

Sie finden im Übungsteil zu diesem Thema eine Frage beziehungsweise eine Aufgabe.

Falls Sie ganze Codeblöcke – beispielsweise eine Prozedur oder mehrere Prozeduren – auskommentieren wollen, brauchen Sie dies nicht mühsam Zeile für Zeile zu erledigen. Voraussetzung ist allerdings, dass Sie im VBA-Editor die Symbolleiste *Bearbeiten* einblenden, die standardmäßig nicht angezeigt wird.

1 Wählen Sie aus dem Menü *Ansicht* den Befehl *Symbolleisten / Bearbeiten* aus.

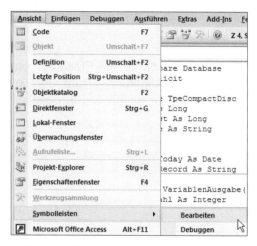

Abb. L4.4: Einblenden der Symbolleiste *Bearbeiten* im VBA-Editor

Die Symbolleiste *Bearbeiten* steht dann zur Verfügung und kann wie alle anderen Symbolleisten auch frei auf der Oberfläche des VBA-Editors platziert werden.

Codeblock kommentieren

2 Markieren Sie mit der Maus den Codebereich, den Sie auskommentieren möchten.

Dieser Bereich kann durchaus auch mehrere Prozeduren erfassen, also auch das komplette Modul.

3 Klicken Sie dann in der Symbolleiste *Bearbeiten* auf das Symbol *Block auskommentieren*.

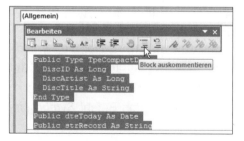

Abb. L4.5: Auskommentierung eines Codeblocks

Damit ist der markierte Codeblock auskommentiert.

Der umgekehrte Schritt – also die Entfernung von Kommentaren – ist ebenfalls möglich. Klicken Sie in diesem Fall nach der Markierung des kommentierten Codeblocks auf das Symbol *Auskommentierung des Blocks aufheben* in der Symbolleiste *Bearbeiten*.

Auskommentierung des Codeblocks aufheben

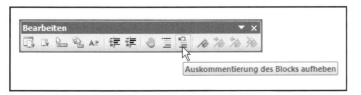

Abb. L4.6: Auskommentierung eines Codeblocks aufheben

Datentypen in VBA

Sie finden im Übungsteil zu diesem Thema eine Frage beziehungsweise eine Aufgabe.

Die verschiedenen Datentypen in VBA stellen die Struktur für die Darstellung von Variablen und Konstanten zur Verfügung. Deshalb müssen diese Bereiche auch im Zusammenhang betrachtet werden.

Wir beginnen mit der Betrachtung der verschiedenen Datentypen unter VBA.

Überblick

Die kennzeichnenden Merkmale von Datentypen sind:

Definition

- Sie geben über das Format eines Wertes an einer bestimmten Speicherstelle Auskunft.

- Sie legen die Größe des benötigten Speichers für einen Wert fest.

■ Sie legen Regeln für die Interpretation und Verwendung eines Wertes fest.

Typisierung　■ Die in VBA zur Verfügung stehenden Datentypen können in folgende Kategorien unterteilt werden:

■ ganze Zahlen (Integer)

■ Fließkommazahlen (Floating Point); Dezimalzahlen; Gleitkommazahlen

■ Währungsangaben

■ Datumswerte

■ Zeichenfolgen

■ Boole'sche Werte, die exakt zwei Werte annehmen: *Ja* beziehungsweise *Wahr* oder *Nein* beziehungsweise *Falsch*.

Die folgende Tabelle L4.1 gibt Ihnen einen Überblick über die verschiedenen VBA-Datentypen, ihren Speicherplatz in Bytes und – falls vorhanden – ihren Wertebereich:

Datentyp	Bytes	Wertebereich
Boolean	2	0 (False) und -1 (True)
Byte	1	0 bis 255
Integer	2	-32.768 bis 32.767
Long (lange Ganzzahl)	4	-2.147.483.648 bis 2.147.483.647
Single (Gleitkommazahl mit einfacher Genauigkeit)	4	-3,402823 E 38 bis -1,401298 E -45 und 1,401298 E -45 bis 3,402823 E 38
Double (Gleitkommazahl mit doppelter Genauigkeit)	8	-1,79769313486232 E 308 bis -4,94065645841247 E -324 und 4,94065645841247 E -324 bis 1,79769313486232 E 308

Datentyp	Bytes	Wertebereich
Decimal	12	28 Stellen
Currency	8	-922.337.203.685.477,5808 bis 922.337.203.685.477,5807
Date	8	01.01.100 bis 31.12.9999
String (variable Länge)	10 + Länge der Zeichenkette	0 bis ca. 2 Milliarden
String (feste Länge)	Länge der Zeichenkette	ca. 65.400
Variant	16	Jeder Wert im Bereich wie Double
Variant (mit Zeichenkette)	22 + Länge der Zeichenkette	
Benutzerdefiniert (mit Type)	Zahl ist von Elementen abhängig	Der Bereich für jedes Element entspricht dem Bereich des zugehörigen Datentyps
Object	4	Referenz auf Objekt

Tab. L4.1:   Datentypen in VBA

Hinweise zum Integer-Datentyp unter VBA

Ganze Zahlen werden im Speicher immer als Dualzahlen oder Binärzahlen abgelegt. Binärzahlen haben die Basis 2, alle Zahlen können aus der 0 und der 1 gebildet werden. Ein Bit stellt entweder eine 1 oder eine 0 dar. Ein Byte besteht wiederum aus 8 Bits. Eine Speicherstelle ist mindestens 1 Byte groß.

Boole'sche Werte nehmen genau zwei Werte an: *Wahr (True)* oder *Falsch (False)*. Der Wert *False* wird in VBA auch als Wert *0* angegeben, der Wert *True* als Wert *-1*.

Die beiden folgenden Ausdrücke *Anweisung1* und *Anweisung2* sind also identisch.

Beispiel

```
' Anweisung1
If intA > intB = True Then
        ' Weitere Verarbeitung
End If
, Anweisung2
If intA > intB = -1 Then
        ' Weitere Verarbeitung
End If
```

Hinweise zu Gleitkommazahlen unter VBA

Sie finden im Übungsteil zu diesem Thema eine Frage beziehungsweise eine Aufgabe.

Beachten Sie bitte bei der Programmierung mit Gleitkommazahlen die folgenden Punkte:

- Dezimalkommastellen werden durch einen Punkt . von den Vorkommastellen getrennt werden.

- Bei Berechnungen mit den Datentypen *Single* und *Double* können Rundungsfehler auftreten. Verwenden Sie deshalb bei kaufmännischen Berechnungen den Datentyp *Currency*. Mit diesem Datentyp werden Rundungsfehler vermieden.

- Führende Nullen werden entfernt.

Hinweise zu Strings unter VBA

Strings unter VBA sind ANSI-Zeichen, die von 0 bis 255 durchnummeriert sind. Für jedes Zeichen werden 2 Byte Speicher plus einmalig 10 Byte für Informationen zum String benötigt.

Strings beginnen und enden mit Anführungszeichen. Wenn Sie Vorwahlnummern in Telefon- oder Faxnummern sowie Postleitzahlen darstellen wollen, dann verwenden Sie Strings. Bei der Verwendung von Ganzzahlen würden beispielsweise bei bestimmten Postleitzahlen die führenden Nullen gestrichen.

Ganz davon abgesehen wird mit solchen Zahlen üblicherweise auch nicht gerechnet, so dass die Verwendung eines Zahlen-Datentyps auch deshalb nicht notwendig ist.

Hinweise zu Datums- und Zeitwerten in VBA

Sie finden im Übungsteil zu diesem Thema eine Frage beziehungsweise eine Aufgabe.

Beachten Sie bitte bei der Programmierung mit Datums- und Zeitwerten die folgenden Punkte:

- Datums- und Zeitwerte können ein Datum im Bereich vom 01. Januar 100 bis zum 31. Dezember 9999 und eine Uhrzeit im Bereich von 0:00:00 bis 23:59:59 umfassen.

- Datumswerte werden in das Leiterzeichen # eingeschlossen.

- Datumswerte werden immer in der US-englischen Schreibweise geschrieben. Beispiele: #January 31, 2007#; #4 Sep 06#, #12:03:00 PM# oder #09/04/2006#.

Hinweise zum Datentyp Variant in VBA

Sie finden im Übungsteil zu diesem Thema eine Frage beziehungsweise eine Aufgabe.

Der Datentyp *Variant* ist ein universeller Datentyp ohne feste Typisierung. Er ist der Standarddatentyp für Variablen ohne Typdeklaration und kann numerische Daten, Zeichenfolgendaten, Datums-/Uhrzeitangaben sowie die Werte *Null* oder *Leer* enthalten. Das heißt, der Datentyp *Variant* passt sich automatisch den in ihm gespeicherten Daten an.

Sie sollten die Verwendung dieses Datentyps auf ein Mindestmaß beschränken, weil er sehr speicheraufwendig ist und zu schwer lokalisierbaren Fehlermeldungen führen kann, da eine als Variant deklarierte Variable den Datentyp während der Programmausführung beliebig wechseln kann.

Benutzerdefinierte Datentypen

Die bisher vorgestellten Datentypen sind die Grunddatentypen von VBA. Daneben können Sie bei Bedarf noch sogenannte benutzerdefinierte Datentypen festlegen.

Definition
Benutzerdefinierte Datentypen sind aus Standarddatentypen zusammengesetzte Elemente. Die Definition muss im Deklarationsbereich eines Moduls mit der Anweisung *Type* erfolgen. Mit den beiden Schlüsselwörtern *Private* und *Public* legen Sie den Geltungsbereich des neu definierten Datentyps fest.

Falls Sie weder das Schlüsselwort *Private* noch *Public* angeben, wird der neue Datentyp automatisch als *Public* deklariert.

Definition
Im folgenden Beispiel wird mit der Type-Anweisung ein benutzerdefinierter Datentyp definiert:

```
Public Type CompactDiscTyp
   DiscID As Long
   DiscArtist As String
   DiscTitle As String
End Type
```

Damit ist die Definition des neuen Datentyps abgeschlossen. Mit diesem neuen Datentyp können Sie nun eine Variable deklarieren (Zeile 01) und dieser Variablen innerhalb einer Prozedur dann die entsprechenden Werte zuweisen (Zeilen 02 bis 04).

Anwendung
```
Public Sub CompactDisc()
01    Dim udfCompactDisc As CompactDiscTyp
02       udfCompactDisc.DiscID = 1
03       udfCompactDisc.DiscTitle = "For Your Pleasure"
04       udfCompactDisc.DiscArtist = "Roxy Music"
End Sub
```

Variablen

Variablen sind – ebenso wie die im nächsten Abschnitt dieses Kapitels vorgestellten Konstanten – neben den Datentypen elementarer Bestandteil jeder höheren Programmiersprache. Variablen und Konstanten dienen zur Zwischenspeicherung von Werten, auf die dann während des Programmablaufs zugegriffen wird.

Überblick

Nachdem in diesem Buch schon häufiger der Begriff »Variable« gefallen ist, wird er erst jetzt konkret.

Variablen reservieren Speicherplatz im Haupt- oder Arbeitsspeicher für den entsprechenden Datentyp. Darauf kann während des Programmablaufs mit dem Variablennamen zugegriffen werden. Dieser Zugriff kann sowohl lesend als auch schreibend sein. **Definition**

Zu den grundsätzlichen Begriffen im Umgang mit Variablen gehören zunächst einmal Deklaration, Typisierung und Initialisierung.

Deklaration von Variablen

Sie finden im Übungsteil zu diesem Thema eine Frage beziehungsweise eine Aufgabe.

Alle Variablen sollten vor ihrer Verwendung deklariert werden. Wenn Sie ohne Variablendeklaration arbeiten, werden abweichend geschriebene Variablen mit dem Wert *0* benutzt, was zu schwer aufzufindenden Fehlrechnungen führen kann.

Bei der Deklaration wird zwischen impliziter und expliziter Deklaration unterschieden. Die Anweisung **Implizite Deklaration**

```
Gewinn = VerkaufsPreis-EinkaufsPreis
```

beispielsweise deklariert die Variable *Gewinn* implizit, falls diese nicht schon an anderer Stelle (implizit oder explizit) deklariert wurde. Eine solche implizit deklarierte Variablen erhält den Datentyp *Variant* zugewiesen.

Der Gültigkeitsbereich implizit deklarierter Variablen ist stets auf die Prozedur beschränkt, in der sie implizit deklariert worden sind. Auch die Lebensdauer einer implizit deklarierten Variablen ist auf die betreffende Prozedur begrenzt.

Wenn der Deklarationsbereich eines Moduls mit *Option Explicit* beginnt, müssen Variablen deklariert werden – und das sollte auch bei Ihnen der Fall sein.

Definition

Die Deklaration reserviert Speicherplatz für die Variable. Wenn Variablen deklariert sind, werden Schreibfehler bei Variablennamen leicht erkannt und von der Entwicklungsumgebung angezeigt. Zur Variablendeklaration gibt es mehrere Möglichkeiten:

Explizite Deklaration

Die gebräuchlichste Form der Deklaration ist

```
Dim VariablenName [As Typ]
```

Wenn der Datentyp nicht angegeben wird, erhält die Variable wieder den Datentyp *Variant* zugewiesen.

Innerhalb einer Prozedur – Sub oder Function – ist die Deklaration

```
Private VariablenName [As Typ]
```

gleichbedeutend.

Die Deklaration

```
Static VariablenName[As Typ]
```

hat insofern eine Sonderbedeutung, als die Variable nicht bei jedem Aufruf der Prozedur neu angelegt wird. Mit dieser Art der Deklaration können Sie beispielsweise Daten auch über mehrere Aufrufe einer Prozedur hinweg speichern und verfügbar halten.

Außerhalb von Prozeduren, also im Deklarationsbereich eines Standard- oder Formularmoduls, können Variablen außer mit dem Schlüsselwort *Dim* auch in der Form

```
Public VariablenName [As Typ]
```

deklariert werden. Solche Variablen gelten dann als *öffentlich*. Näheres dazu im Abschnitt »*Gültigkeitsbereiche von Variablen*« weiter unten.

Eine Besonderheit gilt für Stringvariablen. Sie können grundsätzlich ohne Längenangaben deklariert werden. Allerdings können Sie eine begrenzte Längenbegrenzung schon durch eine entsprechende Deklaration festlegen. Das folgende Beispiel deklariert eine Stringvariable von 50 Zeichen Länge.

```
Dim VarString As String*50
```

Typisierung von Variablen

Bei der *Typisierung* wird der Variablen ein Datentyp zugewiesen. Dadurch wird der entsprechende Speicherplatz für die Variable bereitgestellt. Das folgende Beispiel deklariert die Variable *intZahl* und weist ihr den Datentyp *Integer* zu:

```
Dim intZahl As Integer
```

Initialisierung von Variablen

Nun fehlt noch die Initialisierung. Durch die Initialisierung wird der Variablen ein definierter Anfangswert zugewiesen. Das Beispiel von eben wird also entsprechend erweitert:

```
Dim intZahl As Integer
intZahl = 5
```

Mehrfachdeklaration von Variablen

Sie können mit einer *Dim*-Anweisung auch mehrere Variablen auf einen Rutsch in einer Zeile deklarieren. Die einzelnen Variablen werden durch Kommata voneinander getrennt.

Dabei spielt der Datentyp der einzelnen Variablen keine Rolle. Die beiden folgenden Anweisungen sind zulässig:

```
Dim intZahl_1, intZahl_2 As Integer
Dim strVorname As String, dteGebTag As Date
```

Ausgabe von Variablenwerten im Direktfenster

Bei der Programmierung ist es oftmals wichtig – und nicht nur interessant – zu wissen, welchen Wert eine Variable an einer bestimmten Stelle im Programmcode wirklich hat. Vor allem beim Aufspüren nicht so offensichtlicher Fehler ist dies ein passendes Hilfsmittel. Dafür stellt VBA die Anweisung *Debug.Print* zur Verfügung.

1 Legen Sie die Sub-Prozedur *VariablenAusgabe* an.

2 Tippen Sie den Code des letzten Beispiels ein.

3 Fügen Sie anschließend noch die Anweisung `Debug.Print` `intZahl` hinzu.

4 Kompilieren Sie die Prozedur.

5 Führen Sie die Prozedur aus, indem Sie entweder aus dem Menü *Ausführen* den Befehl *Sub/UserForm ausführen* auswählen oder die Taste [F5] drücken.

Abb. L4.7:   Variablenwert im Direktfenster

Im Direktbereich wird anschließend der Wert der Variablen angezeigt.

Gültigkeitsbereiche von Variablen

Variablen können drei verschiedene Gültigkeitsbereiche haben. Damit ist gemeint, in welchem Codebereich mit den Variablen gearbeitet werden kann.

Variablengültigkeit auf Prozedurebene

Alle implizit und alle explizit in einer Prozedur deklarierten Variablen sind nur in der betreffenden Prozedur gültig. Das bedeutet, dass von anderen Prozeduren nicht auf solche Variablen zugegriffen werden kann. Solche Variablen sind also lokale Variablen oder englisch *local*.

Bei der Verwendung lokaler Variablen können Sie ohne Weiteres denselben Variablennamen in unterschiedlichen Prozeduren mehrfach verwenden, ohne dass es zu Namenskonflikten kommen kann.

Variablengültigkeit auf Modulebene

Damit eine Variable für alle Prozeduren eines bestimmten Moduls zur Verfügung steht, muss diese Variable im Deklarationsteil dieses Moduls mit der Anweisung *Dim* deklariert werden.

Abb. L4.8: Variablendeklaration auf Modulebene

Bei einer solchen Deklaration muss der Variablenname auf dieses Modul bezogen selbstverständlich eindeutig sein. Anderenfalls kommt es zu Bezeichnungskonflikten.

Öffentliche Variablen

 Sie finden im Übungsteil zu diesem Thema eine Frage beziehungsweise eine Aufgabe.

Variablen gelten dann als *öffentlich* oder englisch *public*, wenn Sie im Deklarationsteil eines beliebigen Moduls mit der Anweisung *Public* deklariert werden.

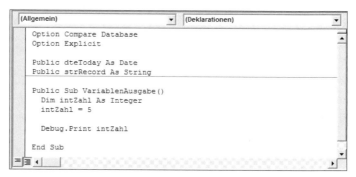

Abb. L4.9: Öffentliche Variablen

Die Öffentlichkeit solcher Variablen bezieht sich auf das gesamte Projekt. Daraus ergibt sich, dass die Bezeichnung der Variable zwingend einmalig sein muss.

Lebensdauer von Variablen

Der Begriff Lebensdauer im Zusammenhang mit Variablen meint den Zeitraum, in dem der für die Variable reservierte Speicherplatz im Arbeitsspeicher zur Verfügung steht.

Die Lebensdauer einer Variable unterscheidet sich also von ihrem Gültigkeitsbereich, hängt aber davon ab. Beginnen wir mit den langlebigen Variablen.

Alle Variablen, die auf Modulebene oder *Public* deklariert wurden, stehen so lange zur Verfügung, bis die Datenbank geschlossen wird oder ein Programmabbruch durch einen Laufzeitfehler auftritt.

Öffentliche Variablen

Auf Prozedurebene deklarierte Variablen dagegen werden immer auch zusammen mit ihrer Prozedur beendet.

Lokale Variablen

Statische Variablen

Falls Sie dies nicht wünschen, müssen Sie lokale Variablen mit dem Schlüsselwort *Static* deklarieren:

```
Static lngZahl As Long
```

Eine so deklarierte Variable behält ihren Wert auch nach Ausführung der Prozedur, in der sie deklariert wurde. Erst wenn die gesamte Anwendung beendet wird, verliert auch die Variable ihren Wert.

Sie können dies leicht durch eine kleine Prozedur wie im folgenden Listing überprüfen:

```
Public Sub VariableStatic()
01    Static lngZahl As Long
02    lngZahl = lngZahl + 10
03    ' Ausgabe im Direktfenster
04    Debug.Print lngZahl
End Sub
```

Beispiel

Die Variable *lngZahl* erhält nach der ersten Ausführung den Wert *10*. Da sie mit dem Schlüsselwort *Static* deklariert ist, wird dieser Wert bei jeder Ausführung der Prozedur um *10* erhöht. Die Anweisung *Debug.Print* gibt alle Zahlenwerte nacheinander im Direktfenster aus, so dass Sie das korrekte Ergebnis der Prozedur mit einem Blick überprüfen können (siehe Abbildung L4.10).

Beschreibung

Falls Sie alle Variablen einer Prozedur – egal ob Sub-Prozedur oder Funktion – als statisch deklarieren wollen, dann können Sie dies bequem mit dem Schlüsselwort *Static* erledigen, das Sie der Prozedurbezeichnung voranstellen.

Abb. L4.10: Ausgabe einer statischen Variablen

In dem folgenden Listing sind alle Variablen der Sub-Prozedur statisch deklariert:

Beispiel

```
Public Static Sub VariablenAusgabe()
    Dim intZahl_1 As Integer
    Dim intZahl_2 As Integer
    ' weitere Verarbeitung
End Sub
```

Benennung von Variablen

Zunächst einmal gelten für die Bezeichnung von Variablen in VBA die gleichen Namenskonventionen wie für Prozeduren. Diese haben Sie bereits im zweiten Kapitel dieses Buchs kennengelernt.

Ihnen ist bei der Lektüre möglicherweise schon aufgefallen, dass die Benennung von Prozeduren, Objekten, Variablen usw. nach einem bestimmten Schema erfolgt. Dieses Schema ist stark an eine unter Programmierern weit verbreitete Konvention angelehnt, die sogenannte ungarische Notation von Gregory Reddick.

Die ungarische Notation legt – vereinfacht ausgedrückt – fest, dass bei Variablen und Objekten der Daten- beziehungsweise Objekttyp durch ein Präfix gekennzeichnet wird. Außerdem soll aus dem Namen einer Prozedur oder Variablen erkennbar sein, was diese bewirkt beziehungsweise enthält. Hier einige Beispiele dafür:

Ungarische Notation

Objekt beziehungsweise Datentyp	Präfix
Formular	frm
Tabelle	tbl
Abfrage	qry
Steuerelement	ctl
Modul	bas oder mdl
Makro	mac
Datenbank	db
Recordset	rs
Boolean	bln
Byte	byt
Currency	cur
Date	dte
Double	dbl
Integer	int
Long	lng
Object	obj
Single	sng
String	str
Variant	var

Tab. L4.2:   Vorschläge zur Typenkennzeichnung

Falls Sie sich für dieses Thema interessieren sollten: Sie finden die ungarische Notation von Gregory Reddick im Internet unter *http://www.xoc.net/standards/rvbanc.asp*.

Nach dem Präfix folgt der eigentliche Name der Variablen. Dieser Name sollte erkennen lassen, worum es hier genau geht. Er kann aus einem oder mehreren Worten bestehen. Schreiben Sie aber am besten jedes Wort groß. Das entspricht zwar nicht den Regeln der Rechtschreibung, verbessert aber die Übersicht.

Benennungs-
beispiele

Dazu einige Beispiele:

■ curNettoPreis

■ dteGeburtsDatum

■ intAnzahlBestellungen

■ strSQL

Das Einhalten solcher Konventionen, ob in dieser oder einer vergleichbaren Form, hat verschiedene Vorteile:

■ Sie finden sich in Ihrem VBA-Code besser zurecht, weil Sie auf den ersten Blick erkennen, mit welchem Objekt Sie gerade zu tun haben.

■ Beim Umgang mit Variablen können Sie sich ebenfalls sofort auf die Besonderheiten der einzelnen Datentypen einstellen.

■ Jeder, der sich einigermaßen mit Programmierung auskennt, findet sich relativ schnell in Ihrem Code zurecht. Das ist dann wichtig, wenn ein anderer Ihre Arbeit fortsetzen muss oder wenn Sie jemanden um Hilfe bitten.

Typ-Umwandlungsfunktionen

Bei der Programmierung in VBA können unterschiedliche Datentypen in Ausdrücken vorkommen. VBA verhält sich in solchen Fällen oftmals relativ gutmütig. Beispielsweise erfolgt eine automatische Typumwandlung bei numerischen Datentypen meist ohne Probleme. VBA versucht dann einen Datentyp zu finden, in dem alle Werte dargestellt werden können.

Beispiel

Wenn beispielsweise eine Zahl als String gespeichert ist, wird diese bei Berechnungen automatisch in einen numerischen

Datentyp umgewandelt. Die folgende Prozedur erzeugt beispielsweise keinen Fehler, sondern gibt als Ergebnis 30 aus:

```
Public Sub TypTest_1()
    Dim intErgebnis As Integer
    intErgebnis = "10" + 20
    Debug.Print intErgebnis
End Sub
```

Das liegt daran, dass der Wert *"10"* von VBA automatisch in
den passenden numerischen Datentyp umgewandelt wird.

Sie sollten sich allerdings nicht auf die automatische Typkonvertierung von VBA verlassen, sondern auf Nummer Sicher
gehen und die Typumwandlungsfunktionen von VBA verwenden. Diese Typumwandlungsfunktionen geben für eine Variable
oder einen Ausdruck einen genau definierten Datentyp zurück.

So vermeiden Sie in jedem Fall unerklärliche und schwer auffindbare Fehler. Außerdem wird Ihr Code schneller abgearbeitet, weil Access keine möglichen Typumwandlungen ausprobieren muss.

Die Typumwandlungsfunktionen von VBA finden Sie in der folgenden Tabelle:

Funktion	Rückgabe-typ	Bereich des Arguments
CBool	Boolean	Eine gültige Zeichenfolge oder ein gültiger numerischer Ausdruck
CByte	Byte	0 bis 255
CCur	Currency	-922.337.203.685.477,5808 bis 922.337.203.685.477,5807
CDate	Date	Ein beliebiger gültiger Datumsausdruck
CDbl	Double	-1,79769313486231E308 bis -4,94065645841247E-324 für negative Werte; 4,94065645841247E-324 bis 1,79769313486232E308 für positive Werte

Funktion	Rückgabe-typ	Bereich des Arguments
CDec	Decimal	+/-79.228.162.514.264.337.593.543.950.335 für skalierte Ganzzahlen, d.h. Zahlen ohne Dezimalstellen. Für Zahlen mit 28 Dezimal-stellen gilt der Bereich +/-7,9228162514264337593543950335. Die kleinste mögliche Zahl ungleich Null ist 0,0000000000000000000000000001
CInt	Integer	-32.768 bis 32.767; Nachkommastellen werden gerundet
CLng	Long	-2.147.483.648 bis 2.147.483.647; Nachkommastellen werden gerundet
CSng	Single	-3,402823E38 bis -1,401298E-45 für negative Werte; 1,401298E-45 bis 3,402823E38 für positive Werte
Cvar	Variant	Numerische Werte im Bereich des Typs *Double*; nicht numerische Werte im Bereich des Typs *String*
CStr	String	Rückgabe für *CStr* hängt vom Argument *Aus-druck* ab

Tab. L4.3: Typumwandlungsfunktionen

Programmierbeispiele

Im ersten Beispiel wird mit der Funktion *CBool* überprüft, ob zwei Zahlenwerte gleich sind (siehe Abbildung L4.11).

Bei dem zweiten Beispiel wird mit der Funktion *CStr* eine Ganz-zahl in eine Zeichenkette umgewandelt:

```
Public Sub TypTest_3()
  Dim lngZahl As Long
  Dim Ergebnis
  lngZahl = 125650
  Ergebnis = CStr(lngZahl)
End Sub
```

Als Ergebnis wird die Zeichenkette *"125650"* zurückgegeben.

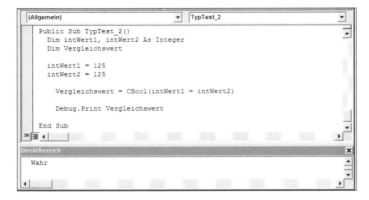

```
(Allgemein)                          ▼   TypTest_2                      ▼

  Public Sub TypTest_2()
    Dim intWert1, intWert2 As Integer
    Dim Vergleichswert

    intWert1 = 125
    intWert2 = 125

    Vergleichswert = CBool(intWert1 = intWert2)

    Debug.Print Vergleichswert

  End Sub

Direktbereich                                                        ✕
  Wahr
```

Abb. L4.11: Programmierbeispiel

Konstanten

Konstanten in VBA haben eine sehr große Ähnlichkeit mit Variablen. Im Gegensatz zu Variablen

Definition

■ kann der Wert von Konstanten nicht mehr durch das Programm verändert werden.

■ legt der Ausgangswert einer Konstanten gleichzeitig auch den Datentyp fest.

VBA verfügt über drei verschiedene Typen von Konstanten:

Konstanten-typen

■ benutzerdefinierte oder symbolische Konstanten

■ eingebaute Konstanten

■ systemdefinierte Konstanten

Wir beginnen mit den benutzerdefinierten Konstanten.

Benutzerdefinierte Konstanten

Sie finden im Übungsteil zu diesem Thema eine Frage beziehungsweise eine Aufgabe.

Die Verwendung von benutzerdefinierten Konstanten bietet sich an, wenn Sie einen festen Wert an verschiedenen Stellen einer Prozedur, eines Moduls oder programmweit (öffentlich) immer wieder benötigen.

Die folgende Anweisung deklariert die Konstante *PI*:

```
Const PI = 3.14159265
```

Eine Konstante wird gleichzeitig deklariert und initialisiert. Mit Hilfe des Gleichheitszeichens wird der Konstanten ein Wert zugewiesen und damit initialisiert. Der Name der Konstanten sollte mit einem Großbuchstaben beginnen. Das ist zwar kein Muss, aber auch wieder eine der unter Programmierern üblichen Konventionen.

Genau wie Variablen können Konstanten lokal, modular oder öffentlich gültig sein. Um eine Konstante öffentlich verfügbar zu machen, müssen Sie bei der Deklaration im Deklarationsteil eines Moduls dem Schlüsselwort *Const* das Schlüsselwort *Public* voranstellen.

 Sie sollten öffentliche Konstanten in einem eigenen Modul – beispielsweise *basGlobal* – zusammenfassen. Das trägt zur Übersichtlichkeit Ihrer Anwendung bei.

Die folgende Anweisung beispielsweise definiert die öffentliche Konstante *AppName*:

```
Public Const AppName "kagewe IT Adressen und Kontakte 10.0"
```

Der große Vorteil von Konstanten ist, dass sie an zentraler Stelle in einem Programm stehen und ihr Wert – falls notwendig – nur an dieser einen Stelle geändert werden muss.

Die beiden folgenden Beispiele machen dies deutlich. Die eben deklarierte Konstante könnte der Titel einer Datenbankanwendung sein. Sie können dann eine solche Konstante als Formulartitel oder zum Erzeugen individualisierter Meldungen verwenden.

Erstellen Sie zur Vorbereitung eine öffentliche Konstante:

Öffentliche Konstante deklarieren

1 Erstellen Sie ein neues Modul und speichern Sie es unter dem Namen *basGobal* ab.

2 Tippen Sie im Deklarationsbereich die Anweisung Public Const AppName = "kagewe IT Adressen und Kontakte 10.00" ein.

3 Kompilieren Sie Ihren Code und speichern Sie das Modul.

Abb. L4.12: Deklarierte Konstante

Konstante als Formulartitel

Für die Beschriftung eines Formulars ist die Eigenschaft *Caption* zuständig. Die passende Eigenschaft, den Formulartitel einzustellen, ist die Eigenschaft *Bei Laden* oder englisch *Form_Load*. Wir benötigen also eine passende Ereignisprozedur.

4 Öffnen Sie das betreffende Formular in der Entwurfsansicht und zeigen Sie das Dialogfeld *Eigenschaftenblatt* an, indem Sie doppelt auf die Rechteckschaltfläche in der linken oberen Fensterecke klicken.

Ereignisprozedur erstellen

5 Aktivieren Sie das Register *Ereignisse* und wählen Sie aus dem Listenfeld *Bei Laden* den Eintrag *[Ereignisprozedur]* aus (siehe Abbildung L4.13).

6 Öffnen Sie dann den VBA-Editor und tippen Sie in dem Prozedurrumpf die Anweisung Me.Caption = AppName ein.

Das war schon alles.

7 Kompilieren Sie Ihren Code, speichern Sie das Formular und öffnen Sie es in der Formularansicht.

Abb. L4.13: Das Dialogfeld *Eigenschaftenblatt*

Das Formular hat jetzt einen Titel, den Sie für dieses Formular – und bei Bedarf für 20 weitere Formulare – an einer Stelle ändern können – in der Deklaration der Konstanten.

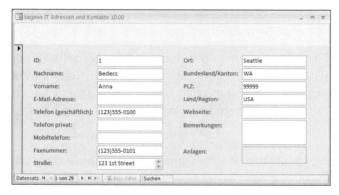

Abb. L4.14: Formular mit Beschriftung

Konstante als Titel im Meldungsfenster

Meldungsfenster in Access 2007 haben standardmäßig den Titel *Microsoft Office Access*. Diesen Titel können Sie durch Festlegung eines Parameters verändern. Das kann entweder für jede Meldung einzeln durch eine entsprechend angepasste Zeichenkette oder für alle Meldungsfenster durch Angabe einer Konstanten erfolgen. Die zweite Möglichkeit ist die entschieden rationellere Variante.

1 Erstellen Sie die im folgenden Listing abgedruckte Prozedur.

```
Public Sub MeldungBenutzerdefiniert()
  MsgBox "Meldung mit benutzerdefiniertem Titel !", _
  vbOKOnly, AppName
End Sub
```

2 Kompilieren und speichern Sie die Prozedur.

3 Führen Sie die Prozedur anschließend im Codefenster durch Drücken der Taste ⌨F5⌨ aus.

Das Meldungsfenster mit dem benutzerdefinierten Titel wird angezeigt.

Abb. L4.15: Meldungsfenster

4 Schließen Sie das Meldungsfenster mit einem Klick auf die Schaltfläche *OK*.

Eingebaute Konstanten

Neben den benutzerdefinierten Konstanten können Sie über die in VBA vorhandenen eingebauten Konstanten verfügen, von denen es Hunderte gibt. Im letzten Beispiel wurde beispielsweise durch die Konstante *vbOKOnly* die *OK*-Schaltfläche des Meldungsfensters festgelegt.

Die eingebauten Konstanten werden von Steuerelementen oder Typbibliotheken zur Verfügung gestellt. Ihrem Namen ist ein Präfix aus zwei Kleinbuchstaben vorangestellt, das die Herkunft der Konstanten kennzeichnet: **Benennung**

■ *vbCrLf* stammt von VBA

■ *acForm* stammt von Access

■ *adAddNew* stammt aus der ADO-Bibliothek

TIPP Wenn Sie im VBA-Editor mit der Taste [F2] den Objektkatalog anzeigen, können Sie Listen mit den eingebauten Konstanten aus allen verfügbaren Objektbibliotheken anzeigen.

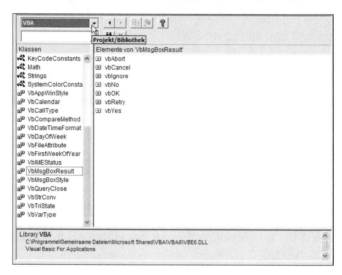

Abb. L4.16: VBA-Konstanten im Objektkatalog

Sie wählen eine Objektbibliothek aus, indem Sie das Listenfeld *Projekt/Bibliothek* in der linken oberen Fensterecke öffnen und die entsprechende Bibliothek auswählen.

Systemdefinierte Konstanten

Access verfügt über drei systemdefinierte Konstanten, die Sie überall verwenden können:

- True

- False

- Null

Die Konstanten *True* und *False* dürften Ihnen mit Sicherheit bereits vertraut sein. Die Konstante *Null* meint nicht etwa den Zahlenwert *0*, sondern steht für leer oder *keinen Wert*.

Mit Hilfe dieser Konstante können Sie beispielsweise abfragen, ob ein Tabellenfeld oder ein Textfeld-Steuerelement in einem Formular einen Eintrag besitzt. Falls dies nicht der Fall ist, dann ist der Wert dieses Feldes eben *Null*.

Ausdrücke

Im bisherigen Verlauf dieses Buchs haben Sie lediglich VBA-Anweisungen näher kennengelernt, die bestimmte Aktionen, wie beispielsweise das Schließen eines Formulars, ausführen:

```
DoCmd.Close acForm, Me.Name
```

Neben diesen Anweisungen stellt VBA auch Ausdrücke zur Verfügung. Im Gegensatz zu Anweisungen sind Ausdrücke Verarbeitungsvorschriften, die einen Wert als Ergebnis liefern. In der einfachsten Form kann ein Ausdruck wie folgt ausschauen: **Definition**

```
Ergebnis = 3 * 4
```

Ausdrücke bestehen aus Operanden und Operatoren, die nach festen Regeln zusammengesetzt sind. Jeder Ausdruck hat einen ganz bestimmten Wert, der sich aus dem Operator und den anderen Bestandteilen wie Variablen oder Konstanten ergibt.

Neben der Durchführung von mathematischen, logischen und Zeichenkettenoperationen können Ausdrücke auch die Werte von Variablen verändern.

Sie finden im Übungsteil zu diesem Thema eine Frage beziehungsweise eine Aufgabe.

Der Wert eines Ausdrucks ist in VBA beziehungsweise Access vielseitig verwendbar. Sie können ihn beispielsweise

■ einer Variablen zuweisen; **Anwendungs-bereiche**

■ als Text oder Wert einem Steuerelement zuweisen;

- mit Hilfe einer Datensatzoperation in eine Tabelle schreiben;

- als Parameter an eine Prozedur oder Abfrage übergeben;

- in einem Meldungsfenster ausgeben.

Operatoren

In VBA und anderen Programmiersprachen werden Operatoren zum Berechnen von Zahlen, Variablen und Ausdrücken verwendet.

In den meisten Fällen werden Operatoren als Symbole dargestellt, beispielsweise +, - oder >. VBA kennt allerdings auch Operatoren, die als Zeichenketten dargestellt werden, so zum Beispiel *AND* oder *NOT*.

Überblick

In VBA sind verschiedene Typen von Operatoren für die unterschiedlichsten Zwecke verwendbar:

Operatortypen

- Zuweisungsoperator

- mathematische Operatoren

- Vergleichsoperatoren

- logische Operatoren

- Verkettungsoperator für Zeichenketten

Sie lernen die Operatoren zusammen mit kleinen Anwendungsbeispielen in den nächsten Abschnitten näher kennen.

Der Zuweisungsoperator =

Der Zuweisungsoperator = stellt eine Beziehung zwischen zwei Ausdrücken her. Die allgemeine Syntax lautet

Allgemeine Syntax

```
Variable = Ausdruck
```

Der Wert, der rechts vom Gleichheitszeichen steht, wird einer Variablen oder einem Objekt links vom Gleichheitszeichen zugewiesen. Der Wert rechts vom Gleichheitszeichen kann auch durch einen Ausdruck berechnet werden.

Daraus ergibt sich auch: Der Ausdruck links vom Gleichheitszeichen berechnet einen Wert.

Konstanten können nur links vom Gleichheitszeichen stehen.

Mathematische Operatoren

Mit den mathematischen oder arithmetischen Operatoren führen Sie die üblichen mathematischen Berechnungen in VBA durch. In der folgenden Tabelle finden Sie eine Aufstellung der mathematischen Operatoren zusammen mit einem kleinen Beispiel vor.

Operator	Rechenart	Beispiel
-	Subtraktion	$8 - 3 = 5$
+	Addition	$8 + 3 = 11$
*	Multiplikation	$5 * 4 = 20$
/	Division	$8 / 4 = 2$
\	Division von Ganzzahlen	$5 \backslash 4 = 1$
Mod	Rückgabe des ganzzahligen Rests einer Division	$8 \ \mathrm{Mod}\ 3 = 2$
^	Potenzierung	$5\ \hat{}\ 4 = 625$

Tab. L4.4:   Mathematische Operatoren

Alle mathematischen Operationen können Sie auf die Schnelle mit Hilfe der *print*-Anweisung im Direktbereich ausführen beziehungsweise testen.

Abb. L4.17: Mathematische Operation im Direktbereich

Priorität mathematischer Operatoren

Sie erinnern sich mit Sicherheit noch an die folgenden beiden Sätze aus Ihrer Schulzeit: »Punktrechnung geht vor Strichrechnung« und »Was in Klammern steht, wird zuerst gerechnet«.

Mit diesen beiden Sätzen ist die Reihenfolge oder Priorität der mathematischen Operatoren unter VBA schon fast vollständig beschrieben.

- ■ Klammer – vor
- ■ Potenz – vor
- ■ Punktrechnung (Multiplikation, Division, Modulo) – vor
- ■ Strichrechnung (Addition, Subtraktion)

Gleiche Priorität

Klammern werden von innen nach außen ausgewertet. Für Ausdrücke innerhalb von Klammern gilt selbstverständlich ebenfalls wieder die Priorität der Operatoren. Bei Operatoren mit gleicher Priorität – wie beispielsweise Addition und Subtraktion – wertet VBA den Ausdruck von links nach rechts aus.

Längere Ausdrücke sollten auf jeden Fall geklammert werden, um die Übersichtlichkeit zu erhöhen und so Fehler zu vermeiden.

Vergleichsoperatoren

Sie finden im Übungsteil zu diesem Thema eine Frage beziehungsweise eine Aufgabe.

Vergleichsoperatoren ermöglichen den Vergleich zweier oder mehrerer Ausdrücke gleichen Typs. Als Ergebnis wird immer ein logischer Ausdruck, also *True* beziehungsweise *Wahr* oder *False* beziehungsweise *Falsch* zurückgegeben.

1 Öffnen Sie ein Modul im VBA-Editor.

Beispiel

2 Tippen Sie in den Direktbereich die Anweisung ? 8 = 5 + 3 ein.

Als Ergebnis wird *Wahr* zurückgegeben.

Abb. L4.18: Vergleichsoperator im Direktbereich

Das Ergebnis ist richtig, weil die Ausdrücke auf beiden Seiten des Gleichheitszeichens übereinstimmen.

In der folgenden Tabelle finden Sie eine Aufstellung der Vergleichsoperatoren zusammen mit einem kleinen Beispiel vor.

Operator	Vergleich	Beispiel
>	Größer als	(8 > 4) = True
> =	Größer als oder gleich	(8 > = 4) = True
<	Kleiner als	(8 < 4) = False
< =	Kleiner als oder gleich	(8 < = 4) = False
=	Gleich	(8 = 4) = False
< >	Ungleich	(8 < > 4) = True
Is	Gleiches Objekt	
like	Gleiche Zeichenfolge	

Tab. L4.5:   Vergleichsoperatoren

Vergleichsoperatoren werden häufig für Bedingungen in Schleifen oder Anweisungen und zur Auswertung logischer Ausdrücke genutzt.

Zeichenketten

VBA unterstützt selbstverständlich auch die Arbeit mit Texten, die aus Buchstaben oder Zahlen bestehen können.

Information
Alle Texte werden von VBA als eine Folge von Zeichen interpretiert und als Zeichenkette oder englisch *String* bezeichnet. Strings müssen in VBA immer in Anführungszeichen oder Hochkommata *""* eingeschlossen sein. Der folgende Ausdruck stellt beispielsweise einen gültigen String dar:

`"Mein Name ist Klaus Giesen"`

Sie können Strings ebenfalls mit Hilfe der *print*-Anweisung im Direktfenster ausgeben.

Beispiel
1 Öffnen Sie ein Modul im VBA-Editor.

2 Tippen Sie in den Direktbereich die Anweisung ? "Mein Name ist Klaus Giesen" ein.

Abb. L4.19: Ausgegebene Zeichenkette im Direktfenster

Geben Sie bitte Obacht, wenn der String seinerseits Anführungszeichen enthält. In diesem Fall müssen Sie die Anführungszeichen verdoppeln, damit diese ebenfalls Bestandteil der Zeichenkette sein können.

`? "Mein Name ist ""Klaus Giesen""`

Dann erfolgt auch die Behandlung dieser Zeichenkette durch VBA wie gewünscht, wovon Sie sich wieder durch einen kurzen Test im Direktfenster überzeugen können.

```
Direktbereich                                              [x]
 ? "Mein Name ist ""Klaus Giesen""
 Mein Name ist "Klaus Giesen"
```

Abb. L4.20: Zeichenkette mit Anführungszeichen

Vergleich von Zeichenketten

Zum Vergleich von Zeichenketten können Sie alle Vergleichsoperatoren verwenden. Darüber hinaus stellt VBA den Operator *Like* zur Verfügung, einen speziellen Operator zum Vergleich von Zeichenketten.

Die allgemeine Syntax lautet **Syntax**

```
blnErgebnis = Zeichenkette Like <Muster>
```

Das Ergebnis eines solchen Vergleichs ist also ebenfalls wieder *True* beziehungsweise *False*.

Der Vergleichsparameter *<Muster>* in der eben gezeigten Syntax kann entweder aus einer reinen Zeichenkette oder aus einer Zeichenkette kombiniert mit Platzhaltern bestehen.

Für den *Like*-Operator stehen folgende Platzhalter zur Verfügung: **Platzhalter**

Platzhalterzeichen	Beschreibung
?	Platzhalter für ein beliebiges einzelnes Zeichen
*	Platzhalter für kein oder mehrere beliebige Zeichen
#	Platzhalter für eine beliebige Zahl von 0 bis 9
[Zeichen, Zeichen]	Platzhalter für Zeichen, die an der Position des Platzhalters vorkommen können
[Zeichen - Zeichen]	Bereich von Zeichen, die an der Position des Platzhalters vorkommen können
[!Zeichen]	Platzhalter für ein Zeichen, das an dieser Position nicht vorkommen darf

Tab. L4.6: Platzhalterzeichen für den *Like*-Operator

In der folgenden Tabelle finden Sie verschiedene Bespiele für die Verwendung von Platzhaltern in Verbindung mit dem *Like*-Operator.

Beispiele

Zeichenkettenvergleich	Ergebnis	Bemerkung
? "Meyer 3" Like "Meyer #"	True	Einzelne Ziffer
? "Ich AG" Like "Ich AG*"	True	Kein beliebiges Zeichen
? "Meyer" Like "M??er*"	True	Zwei beliebige Zeichen
? "M*er" Like "Meier"	True	Mehrere beliebige Zeichen
? "X" Like "[!S-Z]"	False	Das Zeichen *X* kommt in der Liste vor
? "C" Like "[A-F]"	True	Das Zeichen *C* kommt in der Liste vor

Tab. L4.7:   **Beispiele zum Zeichenkettenvergleich mit dem Operator** *Like*

Verkettung von Zeichenketten

Ebenso wie Zahlenwerte lassen sich auch Zeichenketten miteinander verketten. Dazu verwenden Sie den &-Verkettungsoperator.

Syntax

Die allgemeine Syntax lautet:

```
Ergebnis = "Zeichenkette1" & "Zeichenkette2"
```

Dabei können String-Variablen oder -Konstanten miteinander verknüpft werden. In der folgenden Tabelle finden Sie verschiedene Beispiele zur Funktion des Verkettungsoperators &:

Beispiele

Ausdruck	Ergebnis	Bemerkung
? "Anke"	Anke	
? "Anke" & "Felix"	AnkeFelix	Die Zeichenketten werden direkt aneinandergehängt
? "Anke" & " " & "Felix"	Anke Felix	Ein Leerzeichen muss ebenfalls als Zeichenkette & " " verknüpft werden.
? "Anke" & " " & "&" & " " & "Felix"	Anke & Felix	Dies trifft auch für jedes weitere Zeichen zu

Tab. L4.8:   Beispiele zum Verkettungsoperator &

Falls Sie eine mehrzeilige Textausgabe wünschen, müssen Sie der Zeichenkette einen Zeilenumbruch hinzufügen. Dies erledigen Sie einfach und bequem mit der eingebauten VBA-Konstanten *vbCrLf*, die Sie ebenfalls mit dem Verknüpfungsoperator & der Zeichenkette hinzufügen.

Mehrzeilige Textausgabe

Die folgende Anweisung

```
MsgBox "Anke" & vbCrLf & "&" & vbCrLf & "Felix"
```

zeigt ein Meldungsfenster mit einem dreizeiligen Text an.

Abb. L4.21:
Meldungsfenster mit dreizeiligem Text

Der Operator +   Mit Hilfe des Operators + können ebenfalls Zeichenketten miteinander verbunden werden. Wenn aber ein numerischer Wert mit einer Zeichenkette verbunden werden soll, muss der Verkettungsoperator & verwendet werden.

Beispiel 1   Eine Verkettung mit dem Pluszeichen würde in diesem Fall eine Fehlermeldung erzeugen, weil die Zahl mit einem String addiert werden soll. Beispiel:

```
? "Zeichen" + 5
```

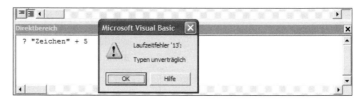

Abb. L4.22: Zeichenverkettung mit dem Operator +

Beispiel 2   Der Ausdruck ? "Zeichen" & 5 dagegen wird problemlos verarbeitet.

Abb. L4.23: Zeichenverkettung mit dem Operator &

Hier greift wieder die automatische Typkonvertierung von VBA. Die Zahl 5 wird als Zeichenkette behandelt und an die erste Zeichenkette angehängt.

Logische Operatoren

Logische Operatoren dienen zur Auswertung logischer Ausdrücke, die nur *True* oder *False* sein können. Logische Operatoren verknüpfen also verschiedene Bedingungen und werden häufig für Bedingungen und Schleifen genutzt.

In der folgenden Tabelle finden Sie eine Aufstellung der logischen Operatoren zusammen mit kleinen Beispielen vor.

Operator	Bezeichnung	Beschreibung	Beispiele
AND	Konjunktion	Der Ausdruck ist nur wahr, wenn alle Bedingungen, die miteinander verknüpft werden, wahr sind.	True AND True = True False AND True = False False AND False = False True AND False = False
OR	Disjunktion	Der Ausdruck ist wahr, sobald eine Bedingung innerhalb der Verknüpfung wahr ist.	True OR True = True True OR False = True False OR True = True False OR False = False
NOT	Negation	Dieser Operator kehrt den Wert eines Ausdrucks um.	NOT False = True NOT True = False NOT NOT True = True
XOR	Exklusion	Der Ausdruck ist nur wahr, wenn die Werte der beiden Teilausdrücke unterschiedlich (wahr und falsch) sind.	True XOR False = True False XOR True = True True XOR True False False XOR False = False =
EQL	Äquivalenz	Der Ausdruck ist nur wahr, wenn die Werte der beiden Teilausdrücke gleich (wahr oder falsch) sind.	
IMP	Implikation	Der Ausdruck ist nur wahr, wenn Ausdruck1 wahr und Ausdruck2 falsch ist.	

Tab. L4.9:   Logische Operatoren

Operatorvorrang in VBA

Der Begriff Operatorvorrang meint die Prioritätsreihenfolge aller Operatoren unter VBA. Danach werden alle Ausdrücke in der folgenden Reihenfolge ausgewertet:

- 1. Klammern und Prozeduraufrufe

- 2. Potenzierung ^

- 3. Vorzeichenoperator + beziehungsweise −

- 4. Multiplikation * und Division /

- 5. Ganzzahldivision \

- 6. Modulo Mod

- 7. Addition + und Subtraktion -

- 8. Vergleichsoperatoren =, <>, <, >, <=, >=

- 9. Logischer Operator NOT

- 10. Logischer Operator AND

- 11. Logischer Operator OR

- 12. Logischer Operator XOR

- 13. Logischer Operator Eqv

- 14. Logischer Operator Imp

Auch hier gilt wieder, dass Klammern von innen nach außen ausgewertet werden und dass innerhalb von Klammern der Operatorvorrang gilt.

Prozedurargumente

Ein bisher noch nicht besprochenes, aber wesentliches Merkmal von Prozeduren ist die Übergabe von Argumenten – auch Parametervariablen genannt – beim Prozeduraufruf. Auch hier gilt es wieder, zwischen Sub-Prozeduren und Funktionen zu unterscheiden.

Doch zunächst ein allgemeiner Überblick.

Überblick

Öffentliche Variablen dienen unter anderem auch dem Informationsaustausch zwischen verschiedenen Prozeduren. Das haben Sie bereits kennengelernt.

Der Nachteil dieser Form des Informationsaustausches ist, dass der Inhalt von Variablen – der ja bekanntlich auch veränderbar ist – sehr schnell unkontrollierbar werden kann. Deswegen ist es oftmals sinnvoller, einer Prozedur beim Aufruf diese Informationen gezielt und somit kontrollierbar zu übergeben, zumal VBA diese Möglichkeit zur Verfügung stellt.

Argumente bei Sub-Prozeduren

Die allgemeine Syntax der Argumentenübergabe bei Sub-Prozeduren lautet:

```
[Private | Public] [Static] Sub Name [(ArgumentenListe)]
[Anweisungen]
[Exit Sub]
[Anweisungen]
End Sub
```
Syntax

Die Prozedur aus dem folgenden Beispiel zeigt eine Meldung an. Das kennen Sie bereits von anderen Beispielen her. Das Neue an diesem Beispiel ist, dass der Meldungstext nicht fest in der Prozedur vorgegeben ist, sondern variabel als Argument beim Prozeduraufruf übergeben wird.
Beispiel 1

```
Public Sub ArgumenteMeldung(strMeldung As String)
01    MsgBox strMeldung
End Sub
```

Die Deklaration des Arguments erfolgt zwischen den Klammern im Kopf der Prozedur. Sie erkennen auf den ersten Blick, dass
Beschreibung

dort das Argument als Variable nach den bekannten Regeln deklariert wird. Unter dem Variablennamen stehen die übergebenen Informationen dann innerhalb der Prozedur zur Verarbeitung zur Verfügung.

Aufruf der Prozedur

Beim Aufruf der Prozedur im Direktfenster müssen Sie das Argument als Zeichenkette übergeben – schließlich ist es ja auch als String-Variable deklariert worden.

1 Geben Sie also die folgende Zeile ein:

```
Call ArgumenteMeldung ("Meldung übergeben als Argument")
```

2 Drücken Sie anschließend die Taste [↵].

Der Aufruf hat dann das folgende beabsichtigte Ergebnis:

Abb. L4.24: Als Argument übergebener Meldungstext

Die Übergabe des Arguments beim Prozeduraufruf ist zwingend erforderlich. Falls Sie dies vergessen, weist VBA Sie unmissverständlich durch eine Fehlermeldung darauf hin.

Abb. L4.25: Fehlermeldung bei fehlendem Prozedurargument

Übergebene Datentypen

Ebenso erforderlich ist es, bei der Übergabe der Argumente darauf zu achten, dass die übergebenen Datentypen korrekt übereinstimmen. Eine Prozedur, die wie bei dem eben vorgestellten Beispiel eine Zeichenkette erwartet, reagiert auf die Übergabe einer Nicht-Zeichenkette mit einer Fehlermeldung.

Die syntaktisch falsche Anweisung

`Call ArgumenteMeldung (Meldung übergeben als Argument)`

würde zur folgenden – in diesem Fall nicht sonderlich aussagekräftigen – Fehlermeldung führen:

Abb. L4.26: Fehlermeldung bei falschem Datentyp

Alle Probleme mit unterschiedlichen Datentypen lassen sich übrigens leicht und bequem mit den in diesem Kapitel besprochenen Typumwandlungsfunktionen beheben.

Arbeitsweise einer Sub-Prozedur

Die grundsätzliche Arbeitsweise einer Sub-Prozedur mit Argumentenübergabe sieht schematisch betrachtet wie folgt aus:

- Die Prozedur wird aufgerufen.

- Beim Aufruf werden ihr Parameter übergeben.

- Die Parameter werden in der Prozedur verarbeitet.

- Nach der Beendigung der Prozedur wird die Kontrolle an den Aufrufer zurückgegeben.

- Der Anwender der Prozedur weiß, wie und mit welchen Argumenten die Prozedur aufgerufen wurde, aber nicht, wie diese Argumente verarbeitet wurden.

Übergabe mehrerer Argumente

Sie finden im Übungsteil zu diesem Thema eine Frage beziehungsweise eine Aufgabe.

Es ist ohne Weiteres möglich, einer Prozedur mehrere Argumente mit Angabe ihres Datentyps zu übergeben. Die einzelnen Argumente müssen dann durch Kommata voneinander getrennt werden.

Beispiel

Im folgenden Beispiel werden einer Sub-Prozedur zwei Parametervariablen vom Datentyp *Integer* übergeben:

```
Public Sub ArgumenteBerechnung(intZahl1 As Integer, _
                               intZahl2 As Integer)
    MsgBox (CStr(intZahl1 + intZahl2))
End Sub
```

Der Aufruf der Prozedur im Direktfenster mit den Variablenwerten *5* und *9* schaut wie folgt aus:

```
call ArgumenteBerechnung (5,9)
```

Die Prozedur liefert dann folgendes Ergebnis zurück:

Abb. L4.27: Prozedurergebnis

Die Reihenfolge der Parameter beim Aufruf ist unwichtig. Entscheidend ist lediglich, dass auch alle Parameter übergeben werden und die Datentypen übereinstimmen.

Beschreibung

Innerhalb der Prozedur werden die beiden übergebenen Parameter addiert und mit Hilfe der *MsgBox*-Funktion angezeigt. Da die *MsgBox*-Funktion nur Zeichenketten ausgeben kann, muss das Ergebnis der Berechnung zuvor mit der Typumwandlungsfunktion *CStr* umgewandelt werden.

Optionale Argumente

Für den Fall, dass die genaue Anzahl der Argumente noch nicht feststeht oder variieren kann, können Sie mit dem Schlüsselwort *Optional* Parameter deklarieren, deren Angabe freigestellt ist.

In dem folgenden Beispiel wurde das vorherige Beispiel um einen dritten optionalen Parameter ergänzt.

```
Public Sub ArgumenteBerechnung_2(intZahl_1 As Integer,
intZahl_2 As Integer, _
Optional intZahl_3 As Integer)
  MsgBox (CStr(intZahl_1 + intZahl_2 + intZahl_3))
End Sub
```

Wenn Sie einen optionalen Parameter deklariert haben, müssen Sie alle eventuell folgenden Parameter ebenfalls als optional deklarieren.

Argumente bei Funktionen

Die Argumentenübergabe bei Funktionen erfolgt im Prinzip nach den gleichen Regeln wie bei Sub-Prozeduren. Es ist also

■ die Übergabe mehrerer Argumente möglich;

■ die Verwendung optionaler Parameter möglich.

Da Funktionen im Unterschied zu Sub-Prozeduren einen Wert zurückliefern, schaut die allgemeine Syntax der Argumentenübergabe bei Funktionen wie folgt aus:

```
[Private | Public] Function Name [(ArgumentenListe)] As
<Datentyp>
[Anweisungen]
[Exit Function]
[Anweisungen]
End Function
```

Syntax

Die Angabe des Datentyps am Ende des Prozedurkopfs steht für den Rückgabewert der Funktion. Falls dort kein Datentyp angegeben ist, ist der Rückgabewert vom Datentyp *Variant*.

Beispiel

Die folgende Funktion addiert zu einem Datum, das beim Aufruf als Parameter übergeben wird, 21 Tage hinzu:

```
01  Public Function ZahlungsZiel_2(dteDatum As Date) As Date
    ' Addiert 21 Tage zum aktuellen Datum hinzu
02     ZahlungsZiel_2 = Format(DateAdd("d", 21, dteDatum), _
    "dd.mm.yyyy")
03  End Function
```

Beschreibung

Im Funktionskopf wird als Datentyp für das Argument und den Rückgabewert *Date* festgelegt (Zeile 01). Der Funktionsname *ZahlungsZiel_2* ist gleichzeitig der Name der Variablen, die den Rückgabewert enthält (Zeile 02). Des Weiteren werden in der Anweisung noch zwei eingebaute Funktionen aufgerufen:

Die Funktion *DateAdd* addiert das Zeitintervall 21 in Tagen (Argument *d)* zur Variablen *dteDatum* hinzu, das beim Funktionsaufruf als Parameter übergeben wird. Die Funktion *Format* stellt das Ergebnis in der Form tt.mm.jjjj dar.

Aufruf der Funktion

Beim Aufruf der Funktion muss das Datum in US-amerikanischer Form eingeschlossen in Leiterzeichen übergeben werden. Die Eingabe im Direktbereich schaut also wie folgt aus:

```
? ZahlungsZiel_2 (#4/29/2007#)
```

Dort wird dann auch das Ergebnis angezeigt:

Abb. L4.28: Funktionsaufruf und -ergebnis

Arbeitsweise einer Funktion

Die grundsätzliche Arbeitsweise einer Funktion mit Argumentenübergabe sieht schematisch betrachtet wie folgt aus:

- Die Funktion wird aufgerufen.

- Beim Aufruf werden ihr Parameter übergeben.

- Diese werden in der Funktion verarbeitet.

- Nach der Beendigung der Funktion wird ein Wert an den Aufrufer zurückgegeben.

- Der Anwender der Funktion weiß, wie die Funktion aufgerufen wird und mit welchen Argumenten, aber nicht wie diese Argumente verarbeitet werden.

- Der Anwender kennt auch den Datentyp des Rückgabewertes.

Haupt- und Unterprozeduren

Ein praktischer Anwendungsbereich für die Argumentenübergabe bei Prozeduren ist die Aufteilung von Programmroutinen in Haupt- und Unterprozeduren.

Vor allem in umfangreicheren Prozeduren trägt es zur Übersichtlichkeit und Lesbarkeit des VBA-Codes bei, bestimmte Verarbeitungen in eine andere Prozedur auszulagern. Dabei kann es sich beispielsweise um Berechnungen oder das Durchlaufen einer Datensatzgruppe handeln.

Solche Unterprozeduren – gleichgültig ob Funktionen oder Sub-Prozeduren – können sowohl mit bestimmten Parametern aufgerufen werden als auch welche zurückgeben. Die grundlegende Technik zu Haupt- und Unterprozeduren verdeutlicht das folgende Beispiel. Wir beginnen mit der Unterprozedur: **Information**

1 Erstellen Sie in einem Modul die folgende Prozedur als Unterprozedur: **Unterprozedur**

```
Public Sub UnterProzedur(strVorname As String, _
                         strNachname As String)
    MsgBox "Mein Name ist " & strVorname & " " _
                         & strNachname
End Sub
```

Hauptprozedur **2** Erstellen Sie anschließend die folgende Prozedur als Hauptprozedur:

```
Public Sub HauptProzedur()
    UnterProzedur "Ihr Vorname", "Ihr Nachname"
End Sub
```

3 Setzen Sie den Cursor vor die Hauptprozedur und drücken
Sie die Taste F5.

Anschließend wird das Meldungsfenster mit den beiden übergebenen Strings angezeigt.

Abb. L4.29: Meldungsfenster

4 Schließen Sie das Meldungsfenster mit einem Klick auf die
Schaltfläche *OK*.

Beschreibung Die Arbeitsweise ist offensichtlich: Bei der Ausführung der
Hauptprozeduren wird die Unterprozedur mit den beiden Argumenten aufgerufen. Diese gibt die Unterprozedur in dem Meldungsfenster aus.

L5 Kontrollstrukturen

Mit Hilfe von Kontrollstrukturen kann der Programmablauf entscheidend beeinflusst werden. Konkret bedeutet dies, dass er in Abhängigkeit vom Wert einer oder mehrerer Variablen gesteuert wird.

> Sie finden im Übungsteil zu diesem Thema eine Frage beziehungsweise eine Aufgabe.

Dabei stehen grundsätzlich folgende Möglichkeiten der Programmsteuerung zur Verfügung:

Möglichkeiten

- Auswahlanweisungen
  In Abhängigkeit von bestimmten festgelegten Bedingungen werden Anweisungen ausgeführt oder nicht.

- Schleifen oder Iterationsanweisungen
  In Abhängigkeit von bestimmten festgelegten Bedingungen werden Anweisungen wiederholt ausgeführt. Dabei ist die Anzahl der Wiederholungen begrenzt, denn Schleifen können vom Programmierer unter bestimmten Bedingungen abgebrochen werden.

Wir beginnen mit den Auswahlanweisungen.

Auswahlanweisungen

Die Auswahlanweisungen unter VBA bieten – abhängig von bestimmtem Bedingungen – vielfältige Möglichkeiten zur Programmsteuerung. Bevor wir uns näher mit den zwei wichtigsten Auswahlanweisungen, den Bedingten Anweisungen *(If Then ... Else)* und der Fallunterscheidung *(Select Case)*, näher beschäftigen, sollte zunächst einmal geklärt werden, was denn *Bedingungen* eigentlich genau sind.

Bedingungen

TIPP Sie finden im Übungsteil zu diesem Thema eine Frage beziehungsweise eine Aufgabe.

Definition

Eine Bedingung ist nichts anderes als ein Ausdruck, der entweder den Wert *True* oder *False* zurückliefert. In solch einem Ausdruck werden zwei Werte nach Kriterien wie größer, kleiner, gleich, ungleich usw. miteinander verglichen. Für den Vergleich dieser Werte oder Operanden werden also die eben vorgestellten Vergleichsoperatoren benötigt.

Der Wert eines solchen Vergleichs kann wieder mit anderen Werten aus anderen Vergleichen verknüpft oder einer Variablen zugewiesen werden.

Beispiele für derartige Bedingungen begegnen Ihnen bereits im täglichen Leben zuhauf – dazu bedarf es nicht des Erlernens einer Programmiersprache.

Allgemeine Beispiele

Wenn es morgen regnet, wenn der Preis kleiner als 5 Euro ist ... Immer gibt es zwei mögliche Antworten: True oder False, Wahr oder Falsch, Ja oder Nein – ganz gleich, wie Sie es ausdrücken mögen.

If ... Then ... Else

Definition

Die Anweisung *If ... Then ... Else* führt bestimmte Anweisungen in Abhängigkeit von Bedingungen aus.

Es stehen zwei Syntaxformen zur Verfügung, die einzeilige und die mehrzeilige Syntax.

Einzeilige Syntax

```
'einzeilige Syntax
If Bedingung Then Anweisung1 [Else Anweisung2]
```

Mehrzeilige Syntax

```
'mehrzeilige Syntax
If Bedingung1 Then
    Anweisungen 1
```

```
ElseIf Bedingung2 Then
    Anweisungen 2
    Else
        Anweisungen X
EndIf
```

Einzeilige Syntax

Beispiel

Eine einfache *If*-Anweisung in der einzeiligen Syntax schaut wie folgt aus:

```
If intZahl = 8 Then Debug.Print "Die Zahl hat den Wert 8"
```

Beschreibung

If fragt zunächst ab, ob eine Bedingung *True* ist. Wenn die Bedingung *True* ist, wird die Anweisung nach dem Schlüsselwort *Then* ausgeführt.

Mehrzeilige Syntax

> Sie finden im Übungsteil zu diesem Thema eine Frage beziehungsweise eine Aufgabe.

Mehrzeilige Syntax

Bei Verwendung der einzeiligen Syntax kann immer nur eine einzige Anweisung im *True*-Fall ausgeführt werden. Die mehrzeilige Syntax ist dagegen weitaus flexibler, denn sie erlaubt es, mehrere Anweisungen zu einem Block zusammenzufassen.

Außerdem können Sie mit den optionalen *Elseif...Then*-Anweisungen – von denen Sie beliebig viele verwenden können – in einem *If*-Konstrukt mehr als eine Bedingung auswerten lassen.

Elseif...Then-Anweisung

Dabei werden die *Elseif...Then*-Anweisungen nur dann ausgewertet, wenn die *If*-Bedingung den Wert *False* zurückliefert. Es werden so lange weitere *Elseif*-Bedingungen ausgewertet, wie keine der in dem *If*-Konstrukt vorangehenden Bedingungen den Wert *True* ergibt.

Else-Anweisung

Die abschließende *Else*-Anweisung wiederum wird dann ausgeführt, wenn die *If*-Anweisung oder eine der *ElseIf...Then*-Anweisungen den Wert *False* zurückgeben – also in allen anderen Fällen.

If-Anweisungen können beliebig oft verschachtelt werden. Es ist beispielsweise in der Praxis sehr häufig notwendig, innerhalb des *True*- beziehungsweise *False*-Zweiges einer *If*-Anweisung eine weitere *If*-Anweisung zu verwenden.

In einer solchen verschachtelten *If*-Konstruktion ist eine entsprechende Einrückung der einzelnen Ebenen aus Gründen der Übersichtlichkeit unbedingt notwendig. Achten Sie vor allem darauf, dass sich zusammengehörende *Ifs* und *Endifs* optisch auf der gleichen horizontalen Ebene befinden.

Die folgende schematische Darstellung verdeutlicht dies:

```
If
    If
        If
        EndIf
    EndIf
EndIf
```

Beispiel 1

Das folgende Beispiel stellt ein gültiges *If*-Konstrukt mit mehreren *ElseIf...Then*-Anweisungen und einer abschließenden *ElseIf...Then*-Anweisung dar. Es berechnet – fiktive – unterschiedliche Steuerbeträge in Abhängigkeit von der Höhe des Einkommens.

```
'Deklarationen ...
If dblEinkommen <= 10000 Then
    dblSteuern = dblEinkommen * 0.18
        ElseIf dblEinkommen <= 50000 Then
            dblSteuern = dblEinkommen * 0.25
        ElseIf dblEinkommen <= 100000 Then
            dblSteuern = dblEinkommen * 0.35
Else
```

```
    dblSteuern = dblEinkommen * 0.48
End If
```

In beiden Syntaxformen der *If*-Anweisung kann höchstens einmal das Schlüsselwort *Else* verwendet werden. Es steht nämlich ganz konkret »für alle anderen Fälle«.

TIPP

Das zweite Beispiel ist ein geradezu klassisches Beispiel für den Einsatz der *If*-Anweisung. In einer Prozedur wird ein fester Wert durch eine Zahl dividiert, die der Anwender eingeben muss. Es soll verhindert werden, dass der Anwender die Zahl *0* eingibt, durch die bekanntlich nicht dividiert werden darf.

Beispiel 2

```
Sub BerechnungIf()
01    Dim intWert1 As Integer
02    Dim intWert2 As Integer
03    Dim dblErgebnis As Double
04    intWert1 = 100
05    intWert2 = CInt(InputBox("Bitte geben Sie eine Zahl
      ein."))
06     If (intWert2 > 0) Then
07        dblErgebnis = intWert1 / intWert2
08        MsgBox (dblErgebnis)
09     Else
10        MsgBox ("Division durch 0 nicht erlaubt!")
11     End If
End Sub
```

Die Benutzereingabe (Zeile 05) wird zunächst mit der *CInt*-Funktion in einen Integer-Wert umgewandelt, weil die *InputBox*-Funktion eine Zeichenkette zurückgibt. Anschließend wird die Eingabe in einer *If*-Anweisung überprüft (Zeile 06).

Beschreibung

Wenn der Wert größer als *0* ist, wird die Division durchgeführt (Zeile 07). Das ist der *True*-Teil der Anweisung. Der *False*-Teil der Anweisung – eingeleitet durch das Schlüsselwort *Else* (Zeile 09) – zeigt anderenfalls dem Anwender eine entsprechende Meldung an (Zeile 10).

Abb. L5.1:
Meldung über eine nicht erlaubte Division

Weitere Beispiele für die Anwendung der *If*-Anweisung finden Sie an vielen weiteren Stellen dieses Buches.

Die IIf-Funktion

Sie finden im Übungsteil zu diesem Thema eine Frage beziehungsweise eine Aufgabe.

Info

Die *IIf*-Funktion bietet eine einfache Lösung für die häufig auftretende Notwendigkeit, einer Variablen in Abhängigkeit von einer bestimmten Bedingung einen von zwei zur Verfügung stehenden Werten zuzuweisen.

Syntax

Die allgemeine Syntax der *IIf*-Funktion lautet:

```
Wert = IIf (Bedingung, Wert1, Wert2)
```

Erklärung

Falls *Bedingung* True ist, wird *Wert1* an die Funktion übergeben, anderenfalls *Wert2*. Der Datentyp des Ergebnisses stimmt hierbei mit dem Datentyp des betreffenden Ausdrucks überein.

Beispiel

Im folgenden Beispiel wertet die *IIf*-Funktion den Parameter der Prozedur *TestenIIf* aus. Wenn dieser größer als 1000 ist, wird die Zeichenkette "Großer Wert" zurückgegeben, andernfalls die Zeichenkette "Kleiner Wert".

```
Public Function TestenIIf(intTestWert As Integer)
  TestenIIf = IIf(intTestWert > 1000, "Großer Wert", _
    "Kleiner Wert")
End Function
```

Der Aufruf der Funktion mit dem Parameter *2356* im Direktfenster zeigt dann folgendes Ergebnis:

Abb. L5.2: Funktionsergebnis

Select Case

Die Fallunterscheidung *Select Case* ist in ihrer Handhabung bedeutend flexibler als die *If*-Anweisung und stellt vor allem für mehrfach verschachtelte *If*-Anweisungen die übersichtlichere und einfacher zu handhabende Alternative dar.

Die allgemeine Syntax der *Select-Case*-Anweisung lautet: **Syntax**

```
Select Case VariablenName
    Case VariablenWert 1
        Anweisungen 1
    Case VariablenWert 2
        Anweisungen 2
Case Else
    Anweisungen n
End Select
```

Bei der *Select-Case*-Anweisung wird abhängig von dem Wert **Erklärung**
der Variablen in die verschiedenen Anweisungen verzweigt. Hier können sowohl numerische Werte als auch Strings miteinander verglichen werden.

Der Anweisungsblock wird dann ausgeführt und anschließend die *Select-Case*-Anweisung verlassen.

Falls kein Variablenwert zutrifft, wird – falls vorhanden – der *Else*-Teil ausgeführt. Das Schlüsselwort *Else* steht auch hier wieder »für alle anderen Fälle«.

Sie finden im Übungsteil zu diesem Thema eine Frage beziehungsweise eine Aufgabe.

Beispiel 1   Bei dem folgenden einfachen Beispiel wird zunächst der Wert einer String-Variablen überprüft (Zeile 03):

```
Public Sub SelectCaseString()
01    Dim strProdukt As String
02    Dim strKategorie As String
03       Select Case strProdukt
04          Case "Bier"
05             strKategorie = "Getränke"
06          Case "Äpfel"
07             strKategorie = "Obst"
08          Case Else
09             strKategorie = "Andere Kategorie"
10       End Select
End Sub
```

Beschreibung   Die zu überprüfende Variable und die Vergleichswerte sind vom gleichen Datentyp. Der Vergleichswert wird hinter das Schlüsselwort *Case* gesetzt, und zwischen dem Schlüsselwort und dem Vergleichswert befindet sich ein Leerzeichen (Zeile 04).

True-Fall   Wenn der Wert der verglichenen Variablen übereinstimmt, wird die entsprechende Anweisung ausgeführt (Zeile 05). An dieser Stelle kann selbstverständlich auch ein Anweisungsblock mit mehreren Anweisungen bestehen.

False-Fall   Wenn der Vergleichswert nicht übereinstimmt, wird der *Case-Else*-Zweig ausgeführt (Zeilen 08 und 09), der ebenfalls einen Anweisungsblock enthalten kann.

Werteliste mit To

Info   Neben einem einfachen Ausdruck wie in dem vorherigen Beispiel kann auch eine Werteliste verglichen werden. Diese muss mit dem Schlüsselwort *To* erfolgen. Bei der Verwendung von *To* muss der kleinere Wert – egal ob Zahl oder String – immer auf der linken Seite des Ausdrucks stehen.

Beispiel 2   Im folgenden zweiten Beispiel wird der auf die *Case*-Klausel folgende Anweisungsblock ausgeführt, wenn der Testausdruck genau *B* – ein Buchstabe, der in der alphabetischen Sortierreihenfolge zwischen *C* und *F* liegt – oder *V* ist.

```
Case "B" "C" To "F" "V"
```

Verwendung von Vergleichsoperatoren

Vergleichsoperatoren können in einer *Case*-Klausel nur in Verbindung mit dem Schlüsselwort *Is* verwendet werden. Dieses Schlüsselwort steht dann direkt vor dem Vergleichsoperator.

Info

Im dritten und letzten Beispiel zur *Select-Case*-Anweisung werden unterschiedliche Steuerbeträge in Abhängigkeit von der Höhe des Einkommens berechnet. Dies ist – Sie erinnern sich mit Sicherheit – das bereits im Zusammenhang mit der *If*-Anweisung verwendete Beispiel.

Beispiel 3

Sie können sich denken, dass die Wiederholung auch erfolgt, um einmal die bessere Übersichtlichkeit der *Select-Case*-Syntax an einem praktischen Beispiel zu zeigen.

```
Select Case dblEinkommen
    Case Is <= 10000
        dblSteuern = dblEinkommen * 0.18
    Case Is <= 50000
        dblSteuern = dblEinkommen * 0.25
    Case Is <= 100000
        dblSteuern = dblEinkommen * 0.35
    Case Else
        dblSteuern = dblEinkommen * 0.48
End Select
```

Verschachtelungen

Select-Case-Anweisungen können auch verschachtelt werden. Wenn dabei Variablen der äußeren und der inneren *Select-Case*-Anweisungen die gleichen Werte besitzen, treten keine Konflikte auf. Bei dem folgenden Beispiel ist dies in den Zeilen 01 und 03 der Fall.

Info

```
Select Case a
01      Case 0
02          Select Case b
03              Case 0
04                  value = 1
05              Case 1
06                  value = 2
07              Case 2
08                  value = 3
09          End Select
End Select
```

Schleifenstrukturen

Schleifen bieten neben den gerade besprochen Auswahlanweisungen ebenfalls die Möglichkeit, den Programmablauf anhand
von bestimmten Bedingungen zu steuern.

Überblick

Schleifen oder Iterationsanweisungen sind Wiederholungen
von bestimmten Anweisungen. Die Anzahl der Wiederholung
wird dabei durch eine Bedingung oder einen Wert begrenzt. Die
Schleife bricht ab, wenn die Bedingung erfüllt oder der Wert
erreicht ist.

Info

Falls die Schleife nie abbricht, wird eine solche Schleife als
Endlosschleife bezeichnet. Die Bedingungen zum Abbruch stehen entweder im Kopf oder im Fuß der Schleife.

**Schleifen-
typen**

VBA kennt folgende Schleifentypen:

■ Zählschleifen *(For)*

■ kopfgesteuerte Schleifen *(While Wend)* oder häufiger *(Do
[Until][While] Loop)*

■ fußgesteuerte Schleifen *(Do Loop [Until][While])*

Wir beginnen mit der Darstellung der verschiedenen Varianten
der *For*-Schleife.

For...Next

Die *For...Next*-Schleife ermöglicht es, einen Anweisungsblock so oft wie festgelegt auszuführen.

Die allgemeine Syntax der *For ...Next*-Schleife lautet:

```
For <Zähler> = <StartWert> To <EndWert> [Step <Schritt>]
    [<Anweisungen>]
    [Exit For]
        [<Anweisungen>]
Next [<Zähler>]
```
Syntax

Dabei bedeuten:

- Zähler: eine numerische Variable, die bei jedem Durchlauf der Schleife um 1 erhöht wird. **Erklärung**

- StartWert: der Startwert von Zähler – damit beginnt VBA zu zählen.

- EndWert: der Endwert von Zähler – hier stoppt VBA.

- Schritt: der Betrag, um den der Zähler bei jedem Schleifendurchlauf verändert wird. Falls hier kein Wert angegeben wurde, ist die Standardeinstellung *1*. Der Wert von Zähler kann auch negativ sein.

VBA führt eine *For...Next*-Schleife wie folgt aus: **Arbeitsweise der For-Schleife**

Zunächst wird der Zähler auf den Wert des Startwerts eingestellt. Auf die Variable *Zähler* kann sowohl von innerhalb als auch von außerhalb der Schleife zugegriffen werden.

Wenn der Wert des Zählers größer als der des Endwerts ist, wird die Schleife gar nicht abgearbeitet, sondern der Befehlsfluss wird gleich hinter dem Schlüsselwort *Next* fortgesetzt. Falls dies nicht zutrifft, werden die auf *For* folgenden Befehle zunächst bis *Next* ausgeführt. Dann wird die Schrittgröße zum

Zähler addiert und geprüft, ob *Zähler* größer als der Endwert ist. Trifft dies zu, wird die Schleife verlassen, ansonsten wird sie mit der Anweisung hinter dem Schlüsselwort *For* weitergeführt.

Beispiel 1

In dieser einfachen Zählschleife werden alle Zahlen von 9 bis 0 ausgegeben. Die Zählvariable *intCount* wird bei jedem Schleifendurchlauf um 1 heruntergezählt (Zeile 02). Das Ergebnis wird im Direktfenster ausgegeben (Zeile 03).

```
Public Sub SchleifenFor_1()
01    Dim intCount As Integer
02       For intCount = 9 To 0 Step -1
03          Debug.Print intCount
04       Next intCount
End Sub
```

Beispiel 2

In dem folgenden Beispiel kann der Anwender in einem Dialogfeld festlegen (Zeile 03), wie oft eine Anweisung im Direktfenster ausgegeben wird (Zeile 05).

```
Public Sub SchleifenFor_2()
01    Dim intZaehler As Integer
02    Dim intAnzahl As Integer
03    intAnzahl = InputBox("Geben Sie bitte die Anzahl" _
             & "der Durchläufe ein")
04       For intZaehler = 1 To intAnzahl
05          Debug.Print "Durchlauf Nr. " & intZaehler

06       Next intZaehler
End Sub
```

Falls der Anwender fünf Wiederholungen festgelegt hat, schaut die Ausgabe im Direktfenster wie folgt aus:

Abb. L5.3: 5 Durchläufe werden im Direktfenster angezeigt

Um eine *For*-Schleife zu verlassen, bevor der Endwert erreicht ist, stellt VBA die Anweisung *Exit For* zur Verfügung. Anschließend wird das Programm mit der nächsten Anweisung hinter dem Schlüsselwort *Next* fortgesetzt. **Verlassen der Schleife**

For Each...Next

Eine ähnliche Struktur wie die *For...Next*-Schleife hat die *For Each...Next*-Schleife, die Anweisungen in Bezug auf alle Elemente eines Datenfeldes (Array) oder einer Auflistung ausführt. **Arbeitsweise**

Die allgemeine Syntax der *For...Each Next*-Schleife lautetet:

```
For Each Element In Gruppe
    [Anweisungsblock]
[Exit For]
    [Anweisungsblock]
Next [Element]
```
Syntax

Dabei bedeuten:

- **Element:** Das ist die Schleifenvariable, die ein Element des Arrays oder der Auflistung darstellt. Sie kann bei Auflistungen vom Typ *Variant* oder eine Objektvariable sein. Bei Datenfeldern muss die Schleifenvariable vom Typ *Variant* sein. **Erklärung**

- **Gruppe:** die Auflistung oder das Datenfeld, die beziehungsweise das durchlaufen wird.

- **Anweisungsblock:** eine oder mehrere Anweisungen, die für jedes Element in der Gruppe ausgeführt werden.

- **Exit For:** dient zum Abbruch der Schleife und kann an beliebiger Stelle und beliebig oft in der Schleife verwendet werden.

Das folgende Beispiel gibt die Namen aller Tabellen der aktuellen Datenbank im Direktfenster aus: **Beispiel**

```
Public Sub TabellenAusgeben()
01    Dim myDB As DAO.Database
```

```
02      Dim myTable As DAO.TableDef
03      Set myDB = CurrentDb()
04          For Each myTable In myDB.TableDefs
05              Debug.Print myTable.Name
06          Next myTable
End Sub
```

Abb. L5.4:   Ausgabe der Tabellennamen in Direktbereich

Beschreibung   Nach der Deklaration der Objektvariablen in den Zeilen 01 und
02 – Einzelheiten dazu lernen Sie in Kapitel 7 »Das Access-
2007-Objektmodell« näher kennen – wird in Zeile 04 die *Table*-
Auflistung durchlaufen. Die Anweisung in Zeile 05 gibt die
Tabellennamen im Direktfenster aus.

Do...Loop

Die *Do...Loop*-Schleife hat die variabelste Schleifenstruktur, die
VBA zur Verfügung stellt.

**Kopf- bezie-
hungsweise
fußgesteuert**   Bei der *Do...Loop*-Schleife kann die Abbruchbedingung sowohl
am Anfang als auch am Ende der Schleife stehen. Deswegen
finden Sie auch die Bezeichnungen kopf- beziehungsweise fußgesteuerte Schleife vor.

 TIPP   Der grundsätzliche Unterschied zwischen einer kopf- und
einer fußgesteuerten Schleife besteht darin, dass eine fußgesteuerte Schleife auf jeden Fall einmal durchlaufen werden muss.

Entsprechend unterschiedlich ist auch die allgemeine Syntax
der *Do...Loop*-Schleife:

```
Do [{While | Until}] Bedingung]
    [Anweisungsblock]
    [Exit Do]
    [Anweisungsblock]
Loop
```

```
Do
    [Anweisungsblock]
    [Exit Do]
    [Anweisungsblock]
Loop [{While | Until}] Bedingung]
```

Diese Anweisungen wiederholen einen Anweisungsblock, solange eine Bedingung den Wert *True* hat – Schlüsselwort *While* – oder bis eine Bedingung den Wert *True* erhält – Schlüsselwort *Until*.

Dabei bedeuten:

- Bedingung: ein numerischer Ausdruck oder ein Zeichenfolgeausdruck vom Datentyp *Boolean*, der entweder *True* oder *False* ergibt.

- Anweisungsblock: eine Anweisung oder mehrere Anweisungen, die ausgeführt wird beziehungsweise werden, solange beziehungsweise bis die Bedingung den Wert *True* erhält.

Abhängig von der Steuerung arbeitet die *Do...Loop*-Schleife wie folgt:

Die Bedingung wird auf den Wert *True* überprüft, und im positiven Fall werden die Anweisungen im Schleifenrumpf ausgeführt.

Die Anweisungen im Schleifenrumpf werden ausgeführt, und dabei wird die Schleifenvariable verändert. Anschließend wird die Bedingung auf den Wert *True* überprüft.

Das folgende Beispiel gibt die Zahlenfolge 2, 4, 8, 16, 32, 64 im Direktfenster aus. Sie erkennen auf den ersten Blick, dass es

---

sich hierbei um eine kopfgesteuerte *Do...Loop*-Schleife in Verbindung mit *Until* handelt:

```
Public Sub SchleifenDoLoop_1()
01    Dim intZahl As Integer
02    intZahl = 2
03        Do Until intZahl > 32
04            intZahl = intZahl * 2
05            Debug.Print intZahl
06        Loop
End Sub
```

Beschreibung

In Zeile 03 wird die Bedingung überprüft, das heißt der Wert der Variablen *intZahl*. So lange, bis diese Bedingung *True* ist, werden die beiden Anweisungen in den Zeilen 04 und 05 ausgeführt.

Beispiel 2

In der folgenden Prozedur finden Sie das klassische Beispiel des Durchlaufens eines Recordsets mit einer kopfgesteuerten *Do While...Loop*-Schleife vor:

```
Public Sub SchleifenDoLoop_2()
01    Dim db As DAO.Database
02    Dim rs As DAO.Recordset
03    Set db = CurrentDb
04    Set rs = db.OpenRecordset("tblAdressenKontakte",
      dbOpenDynaset)
05        Do While Not rs.EOF
06            Debug.Print rs!Nachname
07            rs.MoveNext
08        Loop
09    rs.Close
10    Set rs = Nothing
11    Set db = Nothing
End Sub
```

Beschreibung

Die Bedingung der Schleife – das Ende der Datensatzgruppe – wird in Zeile 05 überprüft. Solange diese nicht den Wert hat, wird der Inhalt des Feldes *Nachname* im Direktfenster ausgegeben (Zeile 06).

Abb. L5.5: Ausgabe der Nachnamen im Direktfenster

Anschließend wird zum nächsten Datensatz gewechselt (Zeile 07) und das Spiel beginnt von vorne.

In diesem Beispiel kommt eine fußgesteuerte *Do Loop...Until*-Schleife zum Einsatz.

Beispiel 3

```
Public Sub SchleifenDoLoop_3()
01     Dim intCount As Integer
02     Dim intSumme As Integer
03     intCount = 0
04     intSumme = 0
05       Do
06         intSumme = intSumme + intCount
07         intCount = intCount + 1
08       Loop Until intCount >= 10
End Sub
```

Innerhalb der Schleife wird die Variable *intCount* um 1 hochgezählt (Zeile 07), um einen Abbruch der Schleife in Abhängigkeit von der Bedingung zu ermöglichen. Die Schleife wird abgebrochen, sobald die Variable *intCount* größer/gleich 10 ist (Zeile 08).

Beschreibung

Endlosschleifen

Sie finden im Übungsteil zu diesem Thema eine Frage beziehungsweise eine Aufgabe.

Falls eine Schleife nicht verlassen werden kann, wird sie zu einer sogenannten Endlosschleife, und es tritt ein schwerwiegender Programmfehler auf. Darauf müssen Sie bei der Programmierung achtgeben.

Konkret geht es bei dieser Problematik um die Bedingung innerhalb der Schleife. Diese muss auf jeden Fall verändert werden, damit die Schleife ordnungsgemäß verlassen, das heißt beendet werden kann.

Aber auch wenn die Bedingung innerhalb der Schleife veränderbar ist, kann es zu Programmfehlern kommen. Dazu ein Beispiel:

Beispiel

```
Public Sub SchleifenDoLoop_4()
01    Dim intZahl As Integer
02    intZahl = 0
03       Do While intZahl >= 0
         'intZahl wird um 1 erhöht
04          intZahl = intZahl + 1
05       Loop
End Sub
```

Beschreibung

Obwohl die Bedingung innerhalb der Schleife veränderbar ist (Zeile 04), tritt bei der Programmausführung nach kurzer Zeit ein sogenannter Laufzeitfehler auf, der durch eine entsprechende Fehlermeldung angezeigt wird.

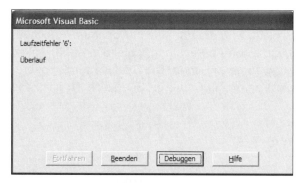

Abb. L5.6: Fehlermeldung

Der Grund ist einfach der, dass durch das Hochzählen der Wertebereich einer Integervariablen überschritten wird.

Um eine solche Situation zu vermeiden, müssen Sie eine Abbruchbedingung für die Schleife festlegen. Dies können Sie in einer *Do...Loop*-Schleife mit der Anweisung *Exit Do* programmieren.

Exit-Do-Anweisung

Die *Exit-Do*-Anweisung ermöglicht das Verlassen einer Schleife **Info** unabhängig von der ursprünglichen Bedingung.

Das Beispiel von eben sollte um eine *If*-Anweisung ergänzt wer- **Beispiel** den, die dafür sorgt, dass die Schleife ohne Programmfehler verlassen werden kann. Diese Ergänzung finden Sie in dem folgenden Listing in der Zeile 05.

```
'...
03   Do While intZahl >= 0
         'intZahl wird um 1 erhöht
04           intZahl = intZahl + 1
         'Abbruchbedingung mit Exit Do
05           If intZahl = 2000 Then Exit Do
06       Loop
'...
```

While...Wend

Die *While...Wend*-Schleife ist im Prinzip eine vereinfachte Variante der *Do...Loop*-Schleife.

Die allgemeine Syntax der *While...Wend*-Schleife lautet: **Syntax**

```
While Bedingung
    [Anweisungsblock]
Wend
```

Solange die Bedingung im Schleifenkopf *True* ist, werden die **Beschreibung** Anweisungen im Schleifenrumpf ausgeführt. Die *While...Wend*-Schleife ist also ebenfalls eine kopfgesteuerte Schleife.

Die Schleife bricht ab, sobald die Bedingung im Schleifenkopf nicht erfüllt ist.

Beispiel

Die folgende *While...Wend*-Schleife gibt die Zahlen von 1 bis 10 im Direktfenster aus.

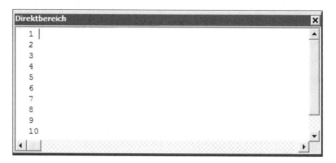

Abb. L5.7: Schleifenergebnis im Direktfenster

```
Public Sub SchleifenWhileWend()
01    Dim intCount As Integer
02    Dim intSumme As Integer
03    intCount = 0
04    intSumme = 0
05      While intCount < 10
06        intSumme = intSumme + intCount
07        intCount = intCount + 1
08        Debug.Print intCount
09      Wend
End Sub
```

Beschreibung

Solange die Zählvariable *intCount* kleiner als 10 ist (Zeile 05), werden die Anweisungen in der Schleife ausgeführt (Zeilen 06 bis 08).

In der Schleife selber wird die Zählvariable *intCount* bei jedem Durchlauf um den Wert *1* erhöht (Zeile 07), um den Abbruch der Schleife in Abhängigkeit von der Bedingung zu gewährleisten.

L6 Fehlersuche und Fehler- behandlung

Bei der VBA-Programmierung kommt es – wie bei allen anderen Dingen im Leben auch – zu mehr oder weniger vielen Fehlern. Das ist also sozusagen vollkommen normal und deshalb letztendlich auch nicht weiter tragisch.

Da sich Fehler also nicht vermeiden lassen, kann es nur noch um einen sinnvollen Umgang damit gehen. Bezogen auf unser Thema VBA geht es in diesem Kapitel also um Methoden und Werkzeuge zur Fehlersuche und Fehlerbehandlung.

Da es unter Access und VBA unterschiedliche Fehlerarten gibt, beginnen wir mit einem kurzen Überblick darüber. Ein wichtiger Nebeneffekt einer solchen Aufstellung sind die damit verbundenen Hinweise, bestimmte Fehler zu vermeiden beziehungsweise auf bestimmte Dinge zu achten.

Fehlerarten

Sie finden im Übungsteil zu diesem Thema eine Frage beziehungsweise eine Aufgabe.

Unter VBA können folgende Fehlerarten auftreten:

- Syntaxfehler
- Kompilierfehler
- logische Fehler
- Laufzeitfehler

Syntaxfehler

Die Syntax einer Programmiersprache ist die Gesamtheit der Regeln für die Bildung von Anweisungen aus Operatoren, Operanden oder Funktionen.

Information

Syntaxfehler entstehen in den meisten Fällen bei der Eingabe von Bezeichnern oder Schlüsselwörtern oder durch die falsche Übergabe von Argumenten an eine Prozedur.

Weitere Ursachen für typische Syntaxfehler sind:

Ursachen für Syntaxfehler

- mehrfach verwendete Bezeichner

- Zeichensetzungsfehler wie beispielsweise ein fehlendes Komma in einer Liste oder ein falsches Dezimaltrennzeichen

- fehlendes End-Schlüsselwort einer Schleife oder Bedingung

- unzulässige Mischung von numerischen und nicht-numerischen Operanden

Das Angenehme an Syntaxfehlern ist, dass sie in den meisten Fällen von der Entwicklungsumgebung direkt entdeckt und gemeldet werden.

Beispiel

1 Erstellen Sie eine Prozedur und deklarieren Sie die Variable *Dim strNachname As String*.

2 Tippen Sie dann If strNachname = "" ein und drücken Sie die Taste ⌐↵⌐ zum Zeilenwechsel.

Dies ist also der ganz typische Fall, dass bei einer *If*-Anweisung das Schlüsselwort *Then* vergessen wird.

Beim Zeilenwechsel wird der Syntaxfehler von der Entwicklungsumgebung erkannt. Die Zeile wird rot markiert, und Sie werden durch ein Meldungsfenster auf Ihren Fehler hingewiesen (siehe Abbildung L6.1).

3 Klicken Sie auf die Schaltfläche *OK* und ergänzen Sie das Schlüsselwort Then.

4 Tippen Sie in der nächsten Zeile die Anweisung MsgBox "Herr Meier" ein und vergessen Sie das *End If*.

Dieser Fehler wird nicht direkt von der Entwicklungsumgebung angemahnt. Dies geschieht später, wenn Sie die Prozedur ausführen oder vorher kompilieren.

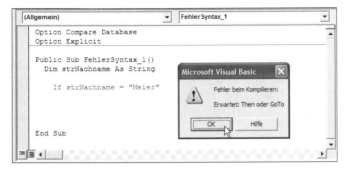

Abb. L6.1: Fehlermeldung I

Beim Kompilieren wird der VBA-Code in einen für den PC verständlichen Maschinencode übersetzt. Dabei wird auch die Syntax aller Befehle und Ausdrücke überprüft. Manche – aber nicht alle – Kompilierfehler werden durch eine Fehlermeldung angezeigt.

5 Wählen Sie also aus dem Menü *Debuggen* den Befehl *Kompilieren* aus.

Der Fehler wird erkannt, und es wird eine Fehlermeldung angezeigt:

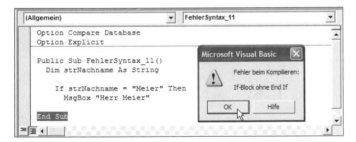

Abb. L6.2: Fehlermeldung II

6 Klicken Sie auf die Schaltfläche *OK* und ergänzen Sie das fehlende *End If*.

Anschließend lässt sich die Prozedur problemlos kompilieren und ausführen.

Sie erinnern sich gewiss an den zu Beginn dieses Buches erteilten Rat, jede Prozedur nach der Erstellung beziehungsweise Veränderung direkt zu kompilieren. Der große Vorteil dieser Vorgehensweise ist, dass Fehler eventuell direkt und nicht erst bei der Ausführung einer Prozedur offensichtlich werden.

Laufzeitfehler

Information

Laufzeitfehler entstehen dann, wenn VBA Ausdrücke oder Anweisungen nicht korrekt auswerten kann. Sie treten allerdings erst während der Ausführung des Programms auf.

Sie finden im Übungsteil zu diesem Thema eine Frage beziehungsweise eine Aufgabe.

Ursachen für Laufzeitfehler

Ursachen für typische Laufzeitfehler sind:

■ Division durch Null

■ Verwendung von falschen Wertebereichen

■ Verwendung von ungültigen Operatoren

■ Ein- oder Ausgabefehler

Laufzeitfehler müssen vom Entwickler selber abgefangen werden, andernfalls wird das Programm nicht bis zum Ende ausgeführt. Für viele bekannte Laufzeitfehler bietet VBA vordefinierte Fehlermeldungen an.

Beispiel

Als Beleg dafür das folgende Beispiel:

1 Erstellen Sie eine Prozedur, die den folgenden VBA-Code enthält:

```
Public Sub DivisionDurchNull()
    Dim intErgebnis As Integer
    Dim intWert As Integer
    Dim intZahl As Integer
    intWert = 4
    intZahl = 0
```

```
       intErgebnis = intWert \ intZahl
    End Sub
```

Sie erkennen auf den ersten Blick, dass es sich hierbei um eine nicht erlaubte Division durch *0* handelt.

2 Kompilieren Sie die Prozedur oder führen Sie sie aus. Sie erhalten dann die folgende Fehlermeldung:

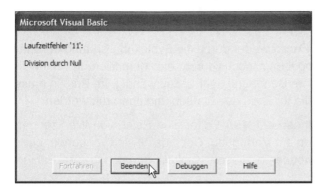

Abb. L6.3:   Laufzeitfehler

3 Klicken Sie auf die Schaltfläche *OK*, um die Ausführung der Prozedur zu beenden.

Die in einem solchen Fall obligatorische Fehlerbehandlung lernen Sie weiter unten in diesem Abschnitt kennen.

Logische Fehler

Sie finden im Übungsteil zu diesem Thema eine Frage beziehungsweise eine Aufgabe.

Logische Fehler sind, was das Aufspüren und Beheben angeht, **Information** die unangenehmsten Fehler. Sie beruhen auf einer fehlerhaften Umsetzung der Aufgabenstellung in eine Programmlogik und erzeugen deshalb eine fehlerhafte Ausgabe von Ergebnissen. Der erste Schritt zur Fehlerbehebung ist übrigens bereits die Tatsache, dass Ihnen ein solcher Fehler überhaupt auffällt.

Logische Fehler können auch noch folgende Ursachen haben:

■ falsche Anzahl von Schleifendurchläufen

■ Endlosschleifen

■ falsche oder nicht vorhandene Klammerung von komplexen Ausdrücken

■ falsch formulierte Bedingungen

■ falsch initialisierte Variablen

Da logische Fehler weder durch die Syntaxüberprüfung der Entwicklungsumgebung noch durch die Kompilierung entdeckt werden, ist ihre Behebung sehr zeitaufwändig. Im Prinzip muss der Code Zeile für Zeile durchlaufen und überprüft werden.

Dafür stellt Ihnen der VBA-Editor eine Reihe von Werkzeugen und Methoden zur Verfügung. Doch damit sind wir bereits beim zweiten Hauptthema dieses Kapitels angelangt: der Fehlersuche.

Fehlersuche oder Debugging

Der VBA-Editor stellt Ihnen verschiedene Werkzeuge zur Fehlersuche oder – fachspezifischer ausgedrückt – zum Debuggen von VBA-Code zur Verfügung.

Information

Sie finden die entsprechenden Befehle im Menü *Debuggen* oder in der gleichnamigen Symbolleiste, die Sie allerdings erst mit dem Menübefehl *Ansicht / Symbolleisten / Debuggen* anzeigen müssen.

Abb. L6.4: Die Symbolleiste *Debuggen*

Der Unterbrechungsmodus

Sobald ein Laufzeitfehler auftritt, unterbricht VBA die Programmausführung und aktiviert den Unterbrechungsmodus. Bei bestimmten Laufzeitfehlern wird dann wie schon gezeigt eine Fehlermeldung angezeigt:

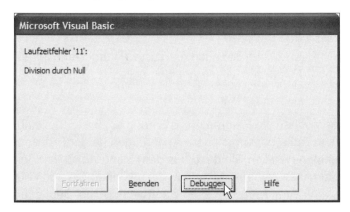

Abb. L6.5:   Fehlermeldung eines Laufzeitfehlers

Wenn Sie dort auf die Schaltfläche *Debuggen* klicken, markiert VBA die fehlerhafte Codezeile mit einem gelben Pfeil am linken Fensterrand und gelbem Hintergrund:

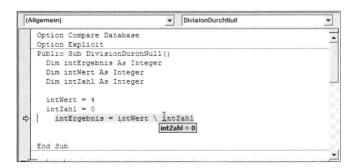

Abb. L6.6:   Markierung der fehlerhaften Codezeile

Fahren Sie mit dem Mauszeiger über einen Variablennamen, wird in einer QuickInfo der aktuelle Wert der Variablen ange- **Variablenwert anzeigen** \

---

zeigt. Dies ist in vielen Fällen schon ein wichtiger Hinweis für die Ursache eines Fehlers.

Sie haben nun zwei Möglichkeiten fortzufahren.

Programm weiter ausführen

Falls Sie die Ursache des Fehlers entdecken, können Sie ihn an Ort und Stelle im Code korrigieren. Anschließend können Sie die Prozedur weiter ausführen. Wählen Sie dazu aus dem Menü *Ausführen* den Befehl *Fortsetzen* aus.

Alternativ dazu können Sie auch die Taste F5 drücken oder auf das Symbol *Fortsetzen* ▶ in der Symbolleiste *Debuggen* klicken.

Programm abbrechen

Oder Sie brechen die Programmausführung an dieser Stelle ab, um etwa in Ruhe umfangreichere Änderungen an der Prozedur vorzunehmen. Wählen Sie dazu aus dem Menü *Ausführen* den Befehl *Zurücksetzen* aus. Alternativ dazu können Sie auch auf das Symbol *Zurücksetzen* ■ in der Symbolleiste *Debuggen* klicken.

Haltepunkte verwenden

Zum Aufspüren versteckter Fehler ist es mitunter notwendig, eine Prozedur zeilenweise bei der Ausführung zu überprüfen. Dies ist oftmals die einzige Möglichkeit, logische Fehler aufzuspüren.

Wenn Sie den Verdacht haben, dass der Fehler in einem bestimmten Bereich liegen könnte, dann setzen Sie vor diesen Bereich einen Haltepunkt.

Haltepunkt aktivieren

Sie finden im Übungsteil zu diesem Thema eine Frage beziehungsweise eine Aufgabe.

1 Setzen Sie den Cursor vor die Codezeile, an der die Programmausführung anhalten soll.

2 Wählen Sie aus dem Menü *Debuggen* den Befehl *Haltepunkt ein/aus* aus oder drücken Sie die Taste F9.

Alternativ dazu können Sie auch auf das Symbol *Haltepunkt ein/aus* 🖑 in der Symbolleiste *Debuggen* oder auf den linken Rand des Codefensters klicken.

Der Haltepunkt ist durch eine dunkelrote Hintergrundfarbe und einen dicken roten Punkt in der rechten Fensterleiste gekennzeichnet.

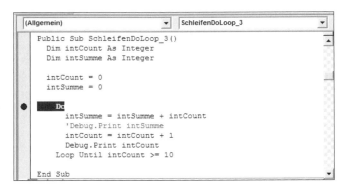

Abb. L6.7: Aktivierter Haltepunkt

3 Setzen Sie den Cursor an den Anfang der Prozedur und starten Sie die Ausführung mit der Taste F5.

Testdurchgang starten

VBA stoppt die Programmausführung vor der markierten Codezeile und schaltet in den Unterbrechungsmodus.

> Innerhalb einer Prozedur können Sie beliebig viele Haltepunkte setzen – nur nicht vor Kommentarzeilen und Variablendeklarationen.

Haltepunkt deaktivieren

Um einen Haltepunkt wieder zu deaktivieren, setzten Sie den Cursor wieder vor die betreffende Zeile. Wählen Sie dann wieder aus dem Menü *Debuggen* den Befehl *Haltepunkt ein/aus* aus oder drücken Sie die Taste F9.

Einzelschrittausführung

Die Einzelschrittausführung einer Prozedur ist mit und ohne Haltpunkt möglich. Bei gesetztem Haltpunkt stoppt die Programmausführung wie gesagt vor der markierten Codezeile und schaltet in den Unterbrechungsmodus.

Testdurch-
gang weiter-
führen

■4 Wählen Sie aus dem Menü *Debuggen* den Befehl *Einzelschritt* aus oder drücken Sie die Taste F8.

Alternativ können Sie auch auf das Symbol *Einzelschritt* 🗐 in der Symbolleiste *Debuggen* klicken.

VBA markiert dann die aktuell ausgeführte Codezeile gelb, so wie Sie es bereits vom ersten Beispiel dieses Kapitels her kennen.

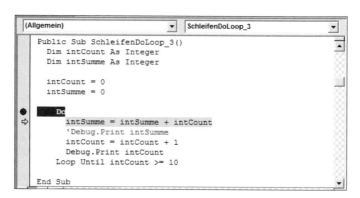

```
(Allgemein)                              SchleifenDoLoop_3

Public Sub SchleifenDoLoop_3()
    Dim intCount As Integer
    Dim intSumme As Integer

    intCount = 0
    intSumme = 0

    Do
        intSumme = intSumme + intCount
        'Debug.Print intSumme
        intCount = intCount + 1
        Debug.Print intCount
    Loop Until intCount >= 10

End Sub
```

Abb. L6.8:   Einzelschrittausführung

So können Sie eine Prozedur von Anweisung zu Anweisung schrittweise durchlaufen. VBA bietet Ihnen allerdings auch die Möglichkeit, die Programmausführung von einer beliebigen Anweisung aus weiter zu durchlaufen.

■5 Setzen Sie den Cursor vor die betreffende Codezeile.

---

6 Rufen Sie dann wieder den Befehl *Einzelschritt* auf oder drücken Sie die Taste ⌨F8.

Wenn Sie den Testdurchgang vor dem Prozedurende abbrechen, wählen Sie wieder aus dem Menü *Debuggen* den Befehl *Zurücksetzen* aus oder klicken Sie auf das entsprechende Symbol in der Symbolleiste *Debuggen*.

Testdurch-gang beenden

Das Lokalfenster

Das *Lokalfenster* ist ein weiteres der vielen Fenster des VBA-Editors. In diesem Fenster können Sie sich die Werte aller Variablen anschauen.

Information

1 Setzen Sie einen Haltepunkt und starten Sie die Prozedur.

2 Führen Sie einen Einzelschritt aus.

3 Wählen Sie aus dem Menü *Ansicht* den Befehl *Lokalfenster* aus.

Das Lokalfenster wird angezeigt. Es stellt in einer Baumstruktur die Variablen und Objekte des aktuellen Moduls dar. Mit einem Klick auf das Pluszeichen + neben dem Modulnamen öffnen Sie diese Struktur genauso wie einen Verzeichnisbaum im Windows-Explorer.

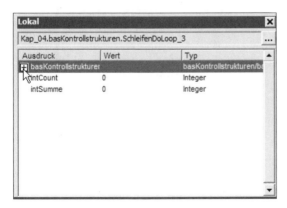

Abb. L6.9:   Das Lokalfenster

Aufbau des Lokalfensters

Die drei Spaltenüberschriften des Lokalfensters haben folgende Bedeutung:

Spalte	Bedeutung
Ausdruck	Der Name einer Variablen beziehungsweise eines Objekts
Wert	Der Wert einer Variablen beziehungsweise die Eigenschaft eines Objekts
Typ	Der Typ einer Variablen beziehungsweise eines Objekts

Tab. L6.1:   Aufbau des Lokalfensters

4 Durchlaufen Sie die Prozedur schrittweise.

Überprüfung der Programmlogik

Je nach Prozedurtyp verändern sich die Werte der Variablen entsprechend. So können Sie überprüfen, ob die Verarbeitung auch wie durch Ihre Programmlogik geplant abläuft.

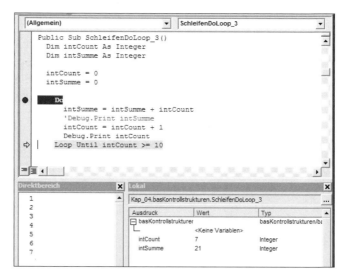

Abb. L6.10: Test einer Prozedur

5 Klicken Sie zum Beenden des Testdurchgangs auf das Symbol *Zurücksetzen* in der Symbolleiste *Debuggen*.

Fehlerbehandlung in VBA

Routinen zur Fehlerbehandlung sind elementarer Bestandteil jeder professionellen Programmiersprache – somit also auch in VBA. Um jedem Missverständnis vorzubeugen: Fehlerbehandlungsroutinen sollen und können keine Programmfehler kompensieren oder vertuschen. Sie sollen lediglich Information

■ verhindern, dass ein Programm unkontrolliert anhält oder abbricht; Zielsetzung

■ den Anwender gezielt und verständlich über den aufgetretenen Fehler informieren;

■ in bestimmten Fällen in eine Alternative verzweigen.

Daneben können Fehlerbehandlungsroutinen auch gezielt in die Programmlogik integriert werden.

Für alles dies stellt VBA Ihnen die nötigen Mittel und Werkzeuge zur Verfügung. Es gibt in VBA allerdings keine Möglichkeit, eine Fehlerbehandlungsroutine für den gesamten Programmcode festzulegen. Dies muss vielmehr für jede Prozedur einzeln erledigt werden.

Die On-Error-Anweisung – Reaktion auf Fehler

Zur Behandlung von Laufzeitfehlern stellt VBA die *On-Error*-Anweisung zur Verfügung. Information

Die *On-Error*-Anweisung kann unterschiedlich genutzt werden:

■ On Error GoTo Sprungmarke

■ On Error Resume Next [Sprungmarke]

■ On Error Goto 0

Dies bedeutet im Einzelnen:

On Error GoTo Sprungmarke

Information

Eine Sprungmarke ist eine Markierung, die eine bestimmte Stelle im VBA-Code kennzeichnet. Die Syntax besteht aus einem für die Prozedur eindeutigen Namen, der durch einen Doppelpunkt abgeschlossen ist.

Syntax

`NameDerSprungmarke:`

Erklärung

Mit Hilfe der Anweisung

`GoTo NameDerSprungmarke`

kann von einer beliebigen Stelle der Prozedur aus zu dieser Sprungmarke gesprungen werden. Anschließend wird dann der folgende VBA-Code ausgeführt.

On Error Resume Next [Sprungmarke]

Sie finden im Übungsteil zu diesem Thema eine Frage beziehungsweise eine Aufgabe.

Information

Das Argument *Resume Next* der *On-Error*-Anweisung legt fest, dass die Programmausführung mit der Anweisung fortgesetzt wird, die der fehlerverursachenden Anweisung unmittelbar folgt.

Anders ausgedrückt: Der Fehler wird schlicht und einfach ignoriert und das Programm so fortgesetzt, als ob nichts geschehen wäre.

Information

Das Argument *Resume Sprungmarke* dagegen bestimmt wieder das Anspringen eine Sprungmarke, so wie es im vorherigen Abschnitt beschrieben wurde.

On Error Goto 0

Information

Das Argument *Goto 0* der *On-Error*-Anweisung legt fest, dass alle in der aktuellen Prozedur festgelegten Fehlerbehandlungsroutinen deaktiviert werden. Anschließend auftretende Fehler werden dann also wieder von VBA behandelt.

Fehlerbehandlungsroutine: Aufbau

Sie finden im Übungsteil zu diesem Thema eine Frage beziehungsweise eine Aufgabe.

In diesem Abschnitt wird nun das bisher Gesagte umgesetzt und der grundsätzliche Aufbau einer Fehlerbehandlungsroutine vorgestellt.

Eine solche Routine schaut wie folgt aus:

Beispielroutine

```
Public Sub Fehlerbehandlung_Beispiel()
01    On Error GoTo Fehlerbehandlung_Beispiel_Err
02    ' ... Programmcode
03  Fehlerbehandlung_Beispiel_Exit:
04    ' ... eventuell Programmcode
05    Exit Sub
06  Fehlerbehandlung_Beispiel_Err:
07    ' Fehlerauswertung
08    ' Reaktion auf Fehler
09    Resume Fehlerbehandlung_Beispiel_Exit
End Sub
```

Beschreibung

Die *On-Error*-Anweisung in Zeile 01 legt fest, dass bei einem auftretenden Laufzeitfehler die Sprungmarke *Fehlerbehandlung_Beispiel_Err:* in Zeile 07 angesprungen werden soll. Anschließend wird der darauffolgende Code zur Fehlerbehandlung abgearbeitet.

Danach verzweigt die Prozedur zur Sprungmarke *Fehlerbehandlung_Beispiel_Exit*. Dort kann noch Code abgearbeitet werden, bevor die Prozedur über die Anweisung *Exit Sub* in Zeile 05 verlassen wird.

Falls kein Fehler auftritt, wird die Prozedur nach Abarbeitung des Programmcodes über die Anweisung *Exit Sub* in Zeile 05 verlassen, ohne den Code zur Fehlerbehandlung abzuarbeiten.

Das Err-Objekt – Informationen zu Fehlern

Die Reaktion auf Fehler mit Hilfe der *On-Error*-Anweisung ist zwar schon eine feine Sache, aber noch nicht ausreichend.

VBA kennt eine Vielzahl von Laufzeitfehlern, von denen jeder eine Fehlernummer hat. Außerdem gibt es zu vielen Fehlern Beschreibungen. Diese Informationen lassen sich mit Hilfe des *Err*-Objekts auswerten und nutzbar machen. Konkret geht es hier um die Eigenschaften *Number* und *Description* des *Err*-Objekts.

Fehlernummer ermitteln

Bei der Programmierung von Fehlerbehandlungsroutinen kann es erforderlich sein, ganz konkret auf bestimmte Fehler zu reagieren. Dazu müssen Sie die betreffende Fehlernummer entweder kennen oder ermitteln.

Eine Fehlernummer – und auch die dazugehörige Fehlerbeschreibung – können Sie dadurch ermitteln, dass Sie innerhalb einer Fehlerbehandlungsroutine die Anweisungen

```
...
DivisionDurchNull_2_Err:
    Debug.Print Err.Number
    Debug.Print Err.Description
...
```

codieren und anschließend bewusst einen Laufzeitfehler herrufen.

Bei unserem Beispiel der Division durch 0 schaut das Ergebnis im Direktfenster wie folgt aus:

Abb. L6.11: Fehlernummer und -beschreibung

Nun können Sie in der Fehlerbehandlungsroutine gezielt auf die betreffende Fehlernummer reagieren.

Fehlerbehandlungsroutine: Erweiterung

Nun sind wir so weit, die eben begonnene Fehlerbehandlungsroutine entsprechend zu erweitern. Es geht um die Erstellung einer benutzerdefinierten Fehlermeldung. Dazu verwenden wir die beiden Eigenschaften des *Err*-Objekts, die Sie eben kennengelernt haben: *Err.Number* und *Err.Description*.

In der einfachsten Form schaut eine benutzerdefinierte Fehlermeldung – implementiert in die eben begonnene Beispielroutine zur Fehlerbehandlung – wie folgt aus:

```
Fehlerbehandlung_Beispiel_Err:
  ' Fehlerauswertung
  ' Reaktion auf Fehler
  MsgBox "Fehlercode " & Err.Number _
  & ": " & vbCrLf & Err.Description
  Resume Fehlerbehandlung_Beispiel_Exit
```

Die Meldung, die beispielsweise noch durch einen eigenen Titel ergänzt werden könnte, sieht im Fehlerfall wie in der folgenden Abbildung L6.12 aus:

Abb. L6.12: Benutzerdefinierte Fehlermeldung

Fehlerbehandlungsroutine: Fertigstellung

Zum Abschluss dieses Kapitels wenden wir alle bisher besprochenen Elemente zur Erstellung einer Fehlerbehandlungsroutine an. Das heißt konkret, wir versehen das eingangs vorstellte Beispiel einer Division durch 0 mit einer professionellen Fehlerbehandlungsroutine. Dazu wird das Beispiel wie folgt abgewandelt:

■ Der Zähler der Division ist fest vorgegeben.

■ Der Nenner der Division muss vom Anwender eingeben werden.

Der Codeausschnitt der Verarbeitung schaut wie im folgenden Listing aus:

```
...
01  Dim intWert1 As Integer
02    Dim intWert2 As Integer
03    Dim dblErgebnis As Double
04      intWert1 = 100
05      intWert2 = CInt(InputBox("Bitte geben Sie" _
                & " eine Zahl ein:"))
06      dblErgebnis = intWert1 / intWert2
07      MsgBox "Ergebnis: " & dblErgebnis
...
```

Es bleibt also noch die Fehlerbehandlungsroutine.

Problemstellung

Zur Lösung einer solchen Aufgabe gehört als Erstes, dass Sie sich als Entwickler grundsätzlich darüber Gedanken machen, welche typischen Fehler oder Fehleingaben bei der Abarbeitung einer Prozedur auftreten könnten. Benutzen Sie ruhig ein Blatt Papier, um die einzelnen Schritte zu notieren.

Planung

Bei unserem Beispiel sind die drei folgenden Eingabefehler naheliegend:

■ Der Anwender gibt eine 0 ein. Daraus ergibt sich Fehler 11, *Division durch Null.*

■ Der Anwender gibt einen Buchstaben ein. Daraus ergibt sich Fehler 13, *Typen unverträglich.*

■ Der Anwender gibt gar nichts ein. Daraus ergibt sich ebenfalls Fehler 13, *Typen unverträglich.*

Beim Auftreten eines dieser Fehler soll der Anwender auf den Fehler hingewiesen werden, und anschließend soll die Prozedur beendet werden.

Auf alle anderen möglichen Fehler soll die Fehlerbehandlungsroutine mit einer allgemeinen Fehlermeldung reagieren und ebenfalls von vorne beginnen.

Nach diesen Überlegungen geht es an die Umsetzung.

Umsetzung

Diese Problemstellung erfordert eine Auswahlanweisung in der Fehlerbehandlungsroutine – das liegt auf der Hand. Ob Sie hier eine *If-* oder *Select*-Anweisung verwenden, ist letztendlich Geschmackssache.

Da aber möglicherweise noch weitere Fällen hinzukommen können, bekommt hier die flexiblere *Select*-Anweisung den Vorzug. Dort brauchen Sie dann gegebenenfalls nur noch weitere *Case*-Zweige hinzuzufügen, was schnell erledigt ist.

Die Fehlerbehandlungsroutine sollte dann wie in dem folgenden Listing ausschauen:

Fehler-behandlung

```
...
01  DivisionDurchNull_3_Exit:
02     Exit Sub
03  DivisionDurchNull_3_Err:
04     Select Case Err
05        Case 11
06           MsgBox "Dvision  durch Null nicht erlaubt!"
07        Case 13
08           MsgBox "Sie haben keine Zahl eingegeben!"
09        Case Else
10           MsgBox "Fehlercode " & Err.Number _
        & ": " & vbCrLf & Err.Description
11     End Select
12     Resume DivisionDurchNull_3_Exit
End Sub
```

Beschreibung Der Code der Fehlerbehandlungsroutine spiegelt exakt die fixierte Problemstellung wider. Falls ein Fehler auftritt, fragt die *Select-Case*-Anweisung zunächst in Zeile 04 die Fehlernummer ab.

Bei den Fehlernummern 11 und 13 verzweigt die Anweisung in die entsprechenden *Case*-Zweige (Zeilen 05 und 07) und zeigt die jeweils passende Fehlermeldung an (Zeilen 06 und 08).

Bei allen anderen Fehlern, die durch den *Else*-Zweig abgefangen werden (Zeile 09), wird eine allgemein gehaltene Fehlermeldung mit der Fehlernummer und der Fehlerbeschreibung angezeigt (Zeile 10).

In jedem Fall wird zum Schluss zur Sprungmarke *DivisionDurchNull_3_Exit:* verzweigt, wo die Prozedur durch die Anweisung *Exit Sub* verlassen wird.

Testlauf

Bei dem obligatorischen Testlauf spielen Sie systematisch alle Ihnen bekannten Fehlermöglichkeiten durch. Nur so können Sie erkennen, ob die Fehlerbehandlungsroutine auch genau so arbeitet, wie Sie es geplant haben.

1 Rufen Sie die Prozedur auf.

Die Eingabeaufforderung wird angezeigt.

2 Tippen Sie den Buchstaben A ein und klicken Sie auf die Schaltfläche *OK*.

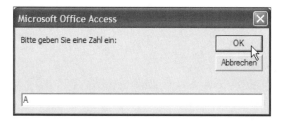

Abb. L6.13: Eingabeaufforderung

Daraufhin wird die – in diesem Fall erwartete – Fehlermeldung angezeigt.

Abb. L6.14: Fehlermeldung

3 Klicken Sie hier ebenfalls auf die Schaltfläche *OK*, um das Meldungsfenster zu schließen.

Fehler in Formularen

Nicht nur in VBA, sondern auch in Access-Objekten wie beispielsweise Formularen, Steuerelementen und Berichten können Fehler auftreten. Dazu brauchen Sie noch nicht einmal VBA-Code zu enthalten.

Information

Auch solche Fehler können Sie mit VBA behandeln. Dies lernen Sie in diesem Abschnitt am Beispiel eines Formularfehlers kennen.

Überblick

Fehler, die in einem Formular auftreten, können Sie mit Ereignisprozeduren abfangen und entsprechend behandeln. Wenn Sie beispielsweise in ein Formular für ein eindeutiges Indexfeld einen Wert eingeben, der bereits existiert, wird dieser Fehler von Access erkannt und in einer Meldung angezeigt.

Abb. L6.15: Access-Fehlermeldung

Gleichzeitig bricht die Verarbeitung ab.

Für Access hat ein solcher Fehler einen Fehlercode, einen Integerwert. Da für Access auch Fehler Ereignisse sind, steht dafür auch eine Ereignisprozedur zur Verfügung: *Bei Fehler* oder *Error.*

Das Error-Ereignis

Die Ereignisprozedur *Form_Error* bietet Ihnen bei der Erstellung folgende Syntax an:

```
Private Sub Form_Error(DataErr As Integer, Response As
Integer)

End Sub
```

Prozedurargumente

Das in unserem Zusammenhang Interessante an dieser Ereignisprozedur sind die beiden Argumente *DataErr* und *Response*, beide vom Datentyp *Integer.*

Beschreibung

Diese beiden Argumente haben die folgende Bedeutung beziehungsweise Aufgabe:

- *DataErr:* Access übergibt an dieses Argument den Fehlercode des aufgetretenen Fehlers.

- *Response:* Das Argument wird nach fehlerfreier Beendigung der Ereignisprozedur von Access auswertet. Sie können die beiden folgenden Konstanten oder Werte zuweisen:

  - *acDataErrContinue:* Die Standardfehlermeldung von Access wird nicht angezeigt. In diesem Fall sollten Sie auf jeden Fall für eine benutzerdefinierte Fehlermeldung sorgen.

  - *acDataErrDisplay:* Die Standardfehlermeldung von Access wird angezeigt.

Sie ahnen mit Sicherheit bereits, wie dieser Abschnitt weitergeht: Mit der Ermittlung des Fehlercodes und der Erstellung einer benutzerdefinierten Fehlermeldung. Aber der Reihe nach.

Fehlercode ermitteln

Sie finden im Übungsteil zu diesem Thema eine Frage beziehungsweise eine Aufgabe.

Ausgangspunkt für dieses Beispiel ist ein Formular, das auf einer Tabelle mit einem Primärschlüsselfeld oder einem Feld mit einem eindeutigen Index basiert.

Aufgaben-stellung

1 Öffnen Sie das Formular in der Entwurfsansicht und zeigen Sie das Eigenschaftenblatt an.

2 Aktivieren Sie für das Formular am besten das Register *Ereignis* und wählen Sie für das Ereignis *Bei Fehler* den Eintrag *Ereignisprozedur* aus.

Abb. L6.16: Auswahl einer Ereignisprozedur

Das Codefenster für die Ereignisprozedur wird angezeigt.

Prozedurcode

3 Tippen Sie in den Prozedurrumpf die Anweisung `MsgBox "Fehlercode: " & DataErr` ein.

4 Kompilieren und speichern Sie das Modul.

5 Wechseln Sie zu Formularansicht und geben Sie in das betreffende Feld einen schon in der Tabelle vorhandenen Wert ein.

Daraufhin wird ein Meldungsfenster angezeigt, in dem Sie wie gewünscht den Fehlercode ablesen können – 3022.

Abb. L6.17: Fehlercode im Meldungsfenster

6 Schließen Sie das Meldungsfenster mit einem Klick auf die Schaltfläche *OK*.

7 Schließen Sie anschließend das Formular.

Die als Nächstes anstehende Aufgabe ist die Erstellung einer passenden Fehlerbehandlungsroutine. Dies sollte rasch erledigt sein, zumal es ja nichts wirklich Neues ist.

Fehlerbehandlungsroutine erstellen

Sie finden im Übungsteil zu diesem Thema eine Frage beziehungsweise eine Aufgabe.

Planung   Zunächst wieder die Vorüberlegungen. Die Fehlerbehandlungsroutine sollte Folgendes leisten:

■ Anzeigen einer passenden Fehlermeldung für den Fehler 3022

■ bei allen anderen Fehler soll die Standardfehlermeldung von Access angezeigt werden

Umsetzung   Es ist offensichtlich. dass die Umsetzung dieser Problemstellung ebenfalls eine Auswahlanweisung in der Fehlerbehandlungsroutine erfordert. Zur Abwechslung verwenden wir diesmal eine *If*-Anweisung.

Die Fehlerbehandlungsroutine sollte dann wie in dem folgenden Listing ausschauen:

```
Private Sub Form_Error(DataErr As Integer, Response As
Integer)
01    If DataErr = 3022 Then
02        Response = acDataErrContinue
03        MsgBox "Dieser Wert ist bereits in der Datenbank
          vorhanden." _
04        & vbCrLf & "Bitte geben Sie einen neuen Wert ein."
05    Else
06        Response = acDataErrDisplay
07    End If
End Sub
```

Die *If*-Anweisung in Zeile 01 wertet bei einem Fehler den Parameter *DataErr* aus. Falls es sich um den Fehler 3022 handelt, wird zunächst die Standardfehlermeldung ausgeschaltet (Zeile 02). Anschließend wird die benutzerdefinierte Fehlermeldung angezeigt (Zeile 03).

Beschreibung

Falls die *If*-Anweisung den Wert *False* zurückliefert, wird die standardmäßige Fehlermeldung aktiviert (Zeile 06) und die Prozedur verlassen.

Bei dem anschließenden Test wird die soeben erstellte benutzerdefinierte Fehlermeldung angezeigt.

Abb. L6.18: Benutzerdefinierte Fehlermeldung

L7 Access-Objekte

VBA unter Access 2007 stellt ein vollständiges Entwicklungssystem dar. Neben den Elementen einer klassischen Programmiersprache sind hier auch Zugriffsmöglichkeiten auf Tabellen, Formulare, Steuerelemente usw. vorhanden – also Zugriffsmöglichkeiten auf Access-Objekte.

Objekte – ein Überblick

Im bisherigen Verlauf dieses Buches haben Sie bereits gelernt, dass Sie mit VBA bestimmte Abläufe steuern können. Darüber hinaus ist VBA unter Access aber auch eine objekt- und ereignisorientierte Programmiersprache.

Das bedeutet, dass VBA-Programme nicht einem fest vorgegebenen Ablauf folgen, sondern auf Ereignisse reagieren, die von einem bestimmten Objekt ausgehen. Das naheliegende Beispiel dafür ist der Mausklick auf eine Schaltfläche in einem Formular.

Dies bedeutet weiterhin, dass das Eintreten oder der Ablauf von Ereignissen eher in der Hand des Anwenders als in der des Entwicklers liegt. Dieser stellt lediglich – im Idealfall vorausschauend – die dafür notwendigen Funktionalitäten zur Verfügung. Doch zunächst etwas genauer zum Begriff Objekt:

Alle Elemente einer Access-Datenbank sind letztlich Objekte, die horizontal und vertikal in Gruppen gegliedert sind. In Tabelle L7.1 finden Sie eine Übersicht über einige wichtige Access-Objekte:

Objekt	Beschreibung
Application	Access
Control	Steuerelement (Formular oder Bericht)
Controls	Auflistung von Steuerelementen

Objekt	Beschreibung
DBEngine	Die DAO-Datenbank-Engine
DoCmd	Makroaktionen unter VBA
Form	Einzelnes geöffnetes Formular
Forms	Auflistung geöffneter Formulare
Module	Formular- oder Berichtsmodul
Report	Einzelner geöffneter Bericht
Reports	Auflistung geöffneter Berichte
Screen	Aktuell aktive Objekte
Section	Bereich in einem Formular oder Bericht

Tab. L7.1: Wichtige Objekte in Access

Sie finden im Übungsteil zu diesem Thema eine Frage beziehungsweise eine Aufgabe.

Jedes Objekt verfügt über Eigenschaften und Methoden. Außerdem reagiert es auf Ereignisse beziehungsweise löst solche aus. Dazu Genaueres im weiteren Verlauf dieses Kapitels, denn zunächst betrachten wir das Access-Objektmodell etwas genauer.

Das Access-Objektmodell

Die einzelnen Access-Objekte stellen eine Hierarchie dar, die Sie ausschnittsweise in der folgenden Abbildung (L7.1) erkennen können.

Das umfangreiche und komplexe Access-Objektmodell kann an dieser Stelle mit seinen am häufigsten gebrauchten Elementen beschrieben werden.

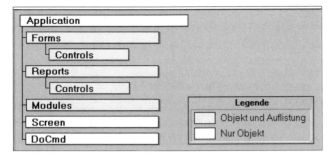

Abb. L7.1: Das Access-Objektmodell (Ausschnitt)

Die oberste Ebene stellt das *Application*-Objekt, also Access selbst dar. Auf der folgenden Hierarchieebene befinden sich weitere Objekte wie *Forms* (= Formulare), *Reports* (= Berichte) usw. Dies stellt jedoch nur die obere Ebene des Objektmodells dar.

Container

Ein Objekt kann auch in einem übergeordneten Objekt ent- **Information** halten sein. Beispielsweise sind ein bestimmtes Formular und ein darin enthaltenes Steuerelement jeweils eigenständige Objekte. Das Objekt *Control* (= Steuerelement) ist aber im Objekt *Form* (Formular) enthalten. Daher stellt das Objekt *Form* einen *Container* dar. Daraus ergibt sich geradezu zwangsläufig eine Hierarchie von Objekten, die für die Bezeichnung beziehungsweise den Aufruf von Objekten wichtig ist.

Wenn Sie ein bestimmtes Objekt im VBA-Code ansprechen wollen, müssen Sie grundsätzlich zusätzlich zum Namen dieses Objekts auch alle übergeordneten Objekte mit angeben.

Das Objekt auf der obersten Hierarchieebene hat wie schon erwähnt den Namen *Application*. Um beispielsweise ein Steuerelement – in diesem Fall eine Schaltfläche – mit dem Namen *btnClose* in einem Formular *frmMehrwertsteuer* auszublenden, müssten Sie die folgende Anweisung schreiben:

```
Application.Forms!frmMehrwertsteuer!btnClose.Visible=False
```
Syntaxform 1

Das Erfordernis, zur Identifizierung untergeordneter Objekte deren übergeordnete Containerobjekte mit anzugeben, führt oft zu sehr langem und dementsprechend unübersichtlichem VBA-Code.

VBA sieht daher für bestimmte Fälle Möglichkeiten vor, die Bezeichnung für die übergeordneten Objekte fortzulassen oder durch entsprechende kürzere Angaben zu ersetzen. Von wenigen Ausnahmen abgesehen dürfen Sie beispielsweise die Angabe des Objekts *Application* fortlassen. Dadurch verkürzt sich der Code für das eben vorgestellte Beispiel:

Syntaxform 2   `Forms!frmMehrwertsteuer!btnClose.Visible=False`

Zum Zugriff per VBA aus einem Formular- oder Berichtsmodul heraus würde sogar die folgende noch kürzere Anweisung ausreichen:

Syntaxform 3   `Me!btnClose.Visible=False`

Auflistungen

Bei untergeordneten Objekten handelt sich oftmals um *Auflistungen* oder englisch *Collections*, wobei auf eine solche Gruppe gleichartiger Objekte entweder einzeln oder als Gruppe Bezug genommen werden kann.

Information   Beispielsweise sind alle Formulare derselben Datenbank in einem Objekt mit der Bezeichnung *Forms* enthalten. Entsprechend sind alle geöffneten Berichte im Objekt *Reports* enthalten usw. Derartige Auflistungen sind notwendig, damit einerseits die im letzten Punkt besprochene Objekthierarchie eingehalten werden kann, andererseits vom Benutzer neu erstellte Objekte dieser Objekthierarchie hinzugefügt werden können.

Sie können selbstverständlich per VBA auf diese Auflistungen zugreifen, da sie wie andere Access-Objekte auch ebenfalls eine Eigenschaft und verschiedene Methoden zur Verfügung stellen.

Die Count-Eigenschaft

Die einzige Eigenschaft von Auflistungen ist die *Count*-Eigenschaft. Mit ihrer Hilfe können Sie beispielsweise die geöffneten Formulare oder die Steuerelemente auf einem Formular ermitteln. Zu der ersten Möglichkeit das folgende Beispiel:

```
Public Sub AuflistungFormulare()
01    Dim intAnzahl As Integer
02    Dim IntZaehler As Integer
03      intAnzahl = Forms.Count
04      For IntZaehler = 0 To intAnzahl - 1
05        Debug.Print Forms(IntZaehler).Name
06      Next IntZaehler
End Sub
```

Bei diesem Beispiel kommt die Ihnen bereits bekannte *For...Next*-Schleife als klassische Zählschleife zum Einsatz. Nach der Deklaration der benötigten Variablen (Zeilen 01 und 02) wird der Variablen *intAnzahl* der Wert der Eigenschaft *Count* zugewiesen (Zeile 03).

In Zeile 04 kommt die Zählervariable *intZaehler* innerhalb der *For...Next*-Schleife zum Einsatz. Da das erste Formular in der *Forms*-Auflistung die Positionsnummer *0* erhält, zählt die *For...Next*-Schleife auch nur bis zum Wert *intAnzahl – 1*.

In Zeile 05 werden die Formularnamen entsprechend der Zählerposition im Direktfenster ausgegeben, was bei dem hier vorgestellten Beispiel wie in Abbildung L7.2 ausschaut.

Abb. L7.2:   Ausgabe der Formularnamen im Direktfenster

Bezeichnungen – Punkt oder Ausrufezeichen?

Ihnen ist bei den bisherigen Codebeispielen mit Sicherheit aufgefallen, dass in den Bezeichnungen wechselweise Punkt und Ausrufezeichen verwendet werden:

```
Forms!frmMehrwertsteuer!btnClose.Visible=False
```

Mit Sicherheit stellen Sie sich auch die Frage, wann das eine und wann das andere Zeichen zu verwenden ist. Diese Frage ist ganz einfach zu beantworten:

■ Der Punkt muss immer dann verwendet werden, wenn das nachgestellte Element ein Access-Objekt ist.

Bei dem Beispiel oben handelt es sich beispielsweise um die Eigenschaft *Visible*, die ohne Zweifel ein accessinternes Objekt ist. Neben den Eigenschaften gehören selbstverständlich auch alle Methoden und Ereignisse zu den Access-Objekten, denen in den Bezeichnungen ein Punkt vorangestellt werden muss.

■ Das Ausrufezeichen dagegen muss immer bei nachgestellten benutzerdefinierten Objekten verwendet werden.

Zu den benutzerdefinierten Objekten zählen alle – aber auch wirklich alle – Objekte, die Sie als Anwender einer Access-Datenbank hinzugefügt haben: Tabellen, Felder, Indizes, Formulare, Berichte, Steuerelemente, Module und so weiter.

Auch dies verdeutlicht das obige Beispiel: Das Formular *frmMehrwertsteuer* und die Schaltfläche *btnClose* sind ohne jeden Zweifel von einem Anwender der Datenbank hinzugefügt worden.

Eigenschaften – Methoden – Ereignisse

Eigenschaften, Methoden und Ereignissen sind drei weitere kennzeichnende Elemente von Objekten.

Eigenschaften

Objekte verfügen über eine Vielzahl von Eigenschaften, die ihnen jeweils bestimmte Attribute zuweisen. Beispielsweise hat das Objekt *Form* unter anderem die Eigenschaft *Visible*, die zwei verschiedene Einstellungen besitzen kann.

Wenn Sie beispielsweise die Eigenschaft *Visible* eines bestimmten Formulars auf den Wert *False* einstellen, wird das Formular ausgeblendet. Die Eigenschaftseinstellung *True* zeigt es wieder an.

Beispiel

Die Eigenschaft zu einem Objekt wird in der Syntax durch einen Punkt . getrennt:

Syntax

`Forms!FormularName.Visible = True`

Die meisten Eigenschaften von Objekten können Sie mit Hilfe von VBA verändern. Andere Eigenschaften dagegen lassen sich nur lesen, aber nicht verändern. Sie sind also schreibgeschützt.

Methoden

Objekte verfügen außer über Eigenschaften auch über Methoden. Die Methode eines Objekts führt im Allgemeinen eine Aktion aus. Dabei gilt folgende allgemeine Syntax:

Information

`Objekt.Methode [Argumente]`

Syntax 1

Die Methoden werden also ebenso wie die Eigenschaften durch den Punkt . vom Objektnamen getrennt.

TIPP Sie finden im Übungsteil zu diesem Thema eine Frage beziehungsweise eine Aufgabe.

Beispiel 1   Das Objekt *Form* besitzt unter anderem die Methode *Requery*. Diese Methode aktualisiert die zugrunde liegenden Daten des angegebenen Formulars durch erneutes Abfragen der Datenherkunft des Formulars.

`Forms!FormularName.Requery`

Falls Methoden über mehrere Argumente verfügen, werden diese durch Kommata voneinander getrennt:

Syntax 2   `Objekt.Methode Argument1, Argument2, Argument3, Argumentn`

Dazu einige Hinweise:

- Falls bei Methoden keine Argumente angegeben sind, sind oftmals als sogenannte *Default*-Werte Standardkonstanten festgelegt.

Bei der Methode *Save* beispielsweise lautet die Standardkonstante *acDefault*. Diese bezieht sich dann auf das aktive Objekt – beispielsweise ein Formular oder ein Bericht.

- Als mögliche Argumente können beispielsweise der Objektname und der Objekttyp dienen. Der Objektname wird dabei durch eine Zeichenfolge und der Objekttyp durch eine Konstante codiert.

Beispiel 2   Die Anweisung in dem folgenden Beispiel speichert ein Formular mit dem Namen *frmGebtag*:

`DoCmd.Save acForm, "frmGebtag"`

Beschreibung   Die Konstante *acForm* steht für das aktuelle Formular. Andere mögliche Konstanten für die *Save*-Methode wären *acReport*, *acTable*, *acQuery* oder *acMacro*.

Falls die Konstante nicht angegeben wird, ist immer das gerade aktive Objekt gemeint. Trotzdem muss immer das Komma vor dem Objektnamen mit codiert werden. Für das letzte Beispiel könnte die Anweisung also auch so ausschauen:

```
DoCmd.Save , "frmGebtag"
```

Häufig verwendete Objektmethoden

In der folgenden Tabelle finden Sie eine Aufstellung häufig verwendeter Objektmethoden:

Objektmethode	Beschreibung
OpenForm	Öffnet ein Formular
OpenReport	Öffnet einen Bericht
Close	Schließt ein Objekt
Requery	Aktualisiert die Datenherkunft eins Formulars
OpenRecordset	Öffnet eine Datensatzgruppe
MoveFirst	Bewegt den Datensatzzeiger auf den ersten Datensatz
MoveLast	Bewegt den Datensatzzeiger auf den letzten Datensatz
FindPrevious	Sucht den vorherigen Datensatz
FindNext	Sucht den nächsten Datensatz
Delete	Löscht einen Datensatz
Edit	Aktiviert die Bearbeitung eines Datensatzes
Update	Speichert die Änderungen an einem Datensatz
RunSQL	Führt eine SQL-Anweisung aus

Tab. L7.2: Häufig verwendete Objektmethoden in Access

Methodenbeispiel

Abschließend noch ein ausführlicheres Anwendungsbeispiel zu Methoden unter Access.

In einem vorhandenen Formular soll eine Schaltfläche *btn-Methodenbeispiel* angelegt werden. Bei einem Klick auf diese

Beispiel 3

Schaltfläche soll ein anderes Formular mit dem Namen *frm-Methodenbeispiel* geöffnet und im Vollbildmodus angezeigt werden. Danach soll das aufrufende Formular geschlossen werden.

1 Öffnen Sie das Ausgangsformular in der Entwurfsansicht.

2 Fügen Sie dem Formular eine Befehlsschaltfläche hinzu.

3 Öffnen Sie das Eigenschaftenblatt für die Schaltfläche und tippen Sie für die Eigenschaft *Name* btnMethodenbeispiel ein.

4 Tippen Sie anschließend noch für die Eigenschaft *Beschriftung* Methodenbeispiel ein.

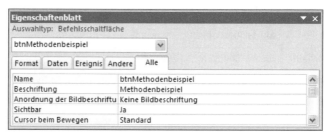

Abb. L7.3: Das Eigenschaftenblatt der Schaltfläche

5 Erstellen Sie dann eine Ereignisprozedur für das Ereignis *Beim Klicken* der Schaltfläche.

6 Tippen Sie in den Prozedurrumpf das folgende Listing ein:

```
...
01   DoCmd.OpenForm "frmMethodenBeispiel", , , , ,
acWindowNormal
02   DoCmd.Maximize
03   DoCmd.Close acForm, "frmGebtag"
...
```

7 Kompilieren und speichern Sie die Ereignisprozedur.

8 Beenden Sie den VBA-Editor und wechseln Sie zur Formularansicht.

Das Formular sollte wie in der folgenden Abbildung L7.4 ausschauen.

Abb. L7.4: Schaltfläche im Formular

9 Klicken Sie auf die Schaltfläche *Methodenbeispiel*, um die Prozedur zu testen.

10 Schließen Sie das maximiert geöffnete Formular *Methodenbeispiel*.

Zunächst wird mit der Methode *OpenForm* das Formular *frm-Methodenbeispiel* im Normalmodus (Konstante *acWindow-Normal*) geöffnet (Zeile 01). In Zeile 02 wird dieses Formular mit der Methode *Maximize* auf die Vollbildansicht eingestellt. In Zeile 03 schließlich wird das aufrufende Formular *frmGebtag* mit der Methode *Close* geschlossen.

Beschreibung

Die Anweisung in Zeile 03 hätte auch anders codiert werden können. Das Argument für den Formularnamen hätte statt des hart codierten Formularnamens *frmGebTag* auch ein Bezug auf die *Name*-Eigenschaft des aktuellen *Form*-Objekts sein können. Was sich in der Beschreibung möglicherweise kompliziert anhört, schaut im Code recht trivial aus:

```
DoCmd.Close acForm, Me.Name
```

Eine solche Anweisung können Sie dann unverändert in jeder passenden Ereignisprozedur verwenden oder aus einer öffentlichen Prozedur aufrufen, die sich in einem Standardmodul befindet.

Ganz abgesehen davon bringt Ihnen diese Art der Bezeichnung noch einen weiteren Vorteil: Wenn Sie im Code einen hart codierten Formularnamen verwenden und dieser sich aus irgendwelchen Gründen ändert, dann muss er auch im VBA-Code an den entsprechenden Stellen geändert werden. Bei Codierung mit *Me.Name* dagegen fallen überhaupt keine Änderungsarbeiten im Code an.

Ereignisse

Sie finden im Übungsteil zu diesem Thema eine Frage beziehungsweise eine Aufgabe.

Information
Veränderungen von Objekten beziehungsweise Auswirkungen auf Objekte ergeben sich durch Ereignisse. Betrachten Sie beispielsweise ein bestimmtes Formular einer Datenbankanwendung. Die Art und Weise, wie Sie als Anwender ein solches Formular nutzen, ruft verschiedene Ereignisse hervor:

- Sie können ein Formular öffnen oder schließen.

- Sie können Daten eingeben oder löschen.

- Ein Formular kann auf bestimmte Mausaktionen reagieren.

Dies sind nur drei Beispiele von vielen möglichen Ereignissen. Alle diese Aktionen stellen Ereignisse dar, auf die Sie mit einer VBA-Ereignisprozedur reagieren können. Dazu nun zwei Beispiele, bei denen Sie zusätzlich noch einige interessante Eigenschaftseinstellungen kennenlernen werden.

Beispiel 1
In einem Formular soll neben einem Formulartitel auch das aktuelle Datum in der Titelzeile angezeigt werden.

Beschreibung
Dazu benötigen wir eine Ereignisprozedur, die beim Öffnen des Formulars ausgeführt wird und die Eigenschaft *Caption* des

Formulars entsprechend einstellt. Neben der Zeichenkette für den Formulartitel muss zusätzlich die eingebaute VBA-Funktion *Date* aufgerufen werden, die mit dem Verkettungsoperator *&* verknüpft wird.

Entsprechend simpel ist der VBA-Code der Lösung:

```
Private Sub Form_Open()
01    Me.Caption = "Artikeldaten  " & Date
End Sub
```

Fügen Sie hinter dem String zur Beschriftung direkt noch ein oder zwei Leerzeichen hinzu, damit das Datum optisch von der Beschriftung getrennt ist. Sie ersparen sich dadurch die ausdrückliche Verkettung eines oder zweier Leerzeichen.

Das Ergebnis:

Abb. L7.5:   Formularbeschriftung und Datum in der Titelzeile

In diesem zweiten Beispiel soll dem Formular im rechten oberen Bereich des Formularkopfs ein Textfeld hinzugefügt werden, das die aktuelle Uhrzeit anzeigt.   **Beispiel 2**

11 Öffnen Sie das Formular in der Entwurfsansicht.

12 Fügen Sie im rechten oberen Bereich des Formularkopfs ein Textfeld hinzu und nennen Sie es *txtUhrzeit*.

13 Stellen Sie für das Textfeld die Eigenschaften *Aktiviert* auf *Nein*, *Gesperrt* auf *Ja* und *In Reihenfolge* auf *Nein* ein (siehe Abbildung L7.6).

Sie finden im Übungsteil zu diesem Thema eine Frage beziehungsweise eine Aufgabe.

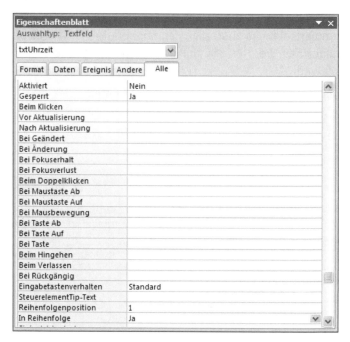

Abb. L7.6: Eigenschaftseinstellungen für das Textfeld

Durch diese Einstellungen kann zwar ein Wert in dem Textfeld angezeigt, aber keiner eingegeben werden. Außerdem wird das Textfeld nicht angesprungen, wenn Sie mit der Taste ⬚ durch die Steuerelemente des Formulars navigieren – die typischen Eigenschaften für ein Anzeigefeld also.

⯂ Das zusammen mit dem Textfeld eingefügte Bezeichnungs-feld können Sie entweder löschen oder entsprechend beschriften.

⯂ Aktivieren Sie das Eigenschaftenblatt für das Formular und erstellen Sie für das Formularereignis *Bei Zeitgeber* eine Ereignisprozedur.

Abb. L7.7: Das Formularereignis *Bei Zeitgeber*

Diese *Zeitgeber*- oder *Timer*-Ereignis tritt in gleich bleibenden Intervallen für das gesamte Formular auf.

🔢 Tippen Sie in den Prozedurrumpf die Anweisung `Me.txtUhrzeit = Time` ein.

Damit weisen Sie dem Textfeld *txtUhrzeit* den Wert der eingebauten Funktion *Time* zu.

🔢 Kompilieren Sie die Ereignisprozedur und schließen Sie den VBA-Editor.

Wie schon erwähnt, tritt das *Timer*-Ereignis in gleich bleibenden Intervallen auf. Die Größe der Intervalle wird durch das Ereignis *Zeitgeberintervall* in Millisekunden festgelegt. Der im Feld *Zeitgeberintervall* voreingestellte Wert *0* bedeutet, dass das Intervall gar nicht aktualisiert wird. Für unsere Uhrzeit hätte das folgende Konsequenz:

Die Uhrzeit in dem Textfeld würde ein einziges Mal beim Öffnen des Formulars gesetzt und bliebe anschließend unverändert. Das wäre allerdings keine Uhr.

🔢 Stellen Sie den Wert des Ereignisses *Zeitgeberintervall* auf den Wert *1000* ein.

Abb. L7.8: Das Ereignis *Zeitgeberintervall*

Diese Einstellung bedeutet, dass die Anzeige der Uhrzeit einmal pro Sekunde aktualisiert wird. Damit läuft auch unsere Uhr.

🔟 Speichern Sie das Formular und zeigen Sie es in der Formularansicht an.

Abb. L7.9: Datum und Uhrzeit im Formular

Datum und Uhrzeit werden wie gewünscht angezeigt: das Datum in der Titelleiste und die Uhrzeit in einem Textfeld.

Die With-Anweisung

Oftmals müssen Sie bei der Programmierung nacheinander auf mehrere Eigenschaften oder Methoden eines Objekts zugreifen. Angenommen, Sie möchten in einer Prozedur die Werte von vier Eigenschaften eines Steuerelements *(txtZusatz)* in einem Formular *(frmArtikel)* einstellen, dann könnte der korrekte Code dazu wie in dem folgenden Prozedurausschnitt ausschauen:

Information

```
...
Forms!frmArtikel!txtZusatz.Enabled = True
Forms!frmArtikel!txtZusatz.Locked = False
Forms!frmArtikel!txtZusatz.Visible = True
Forms!frmArtikel!txtZusatz.DefaultValue = "Wert"
...
```

Beispiel 1

Sie finden im Übungsteil zu diesem Thema eine Frage beziehungsweise eine Aufgabe.

Diese Aufgabe können Sie ebenso richtig, aber viel übersichtlicher mit Hilfe der *With*-Anweisung erledigen, die die folgende allgemeine Syntax hat:

```
With <ObjektName>
    Anweisungen
End With
```

Syntax

Bei der Umsetzung des Beispiels von eben werden Ihnen die Vorzüge der *With*-Anweisung mit Sicherheit sofort ins Auge fallen:

```
...
With Forms!frmArtikel!txtZusatz
    .Enabled = True
    .Locked = False
    .Visible = True
    .DefaultValue = "Wert"
```

Beispiel 2

```
End With
...
```

. ■ Der Objektname braucht nur ein einziges Mal angegeben zu werden.

■ Innerhalb der *With*-Anweisung brauchen Sie nur noch einen Punkt ., gefolgt von der Eigenschaft beziehungsweise der Methode zu tippen.

■ Falls sich der Objektname ändert, braucht er nur an einer einzigen Stelle korrigiert zu werden.

Objektvariablen

Unter VBA ist es möglich, auch Datenbankobjekte als Variablen zu behandeln und anzusprechen. Durch diese Methodik werden die Bearbeitungsmöglichkeiten von Tabellen, Formularen, Berichten, Steuerelementen usw. erheblich erweitert.

Überblick

Obwohl Sie auf die meisten Datenbankobjekte wie beispielsweise Formulare, Steuerelemente usw. auch ohne Objektvariablen zugreifen und sie bearbeiten können, stehen Ihnen mit der Verwendung von Objektvariablen leistungsfähigere und flexiblere Methoden zu Verfügung.

Für den Zugriff auf die eigentlichen Datenobjekte von Access zur Datenmanipulation ist die Verwendung von Objektvariablen auf jeden Fall unumgänglich. Doch dies ist Thema des folgenden Kapitels »Datenzugriff unter VBA« und wird deshalb an dieser Stelle übergangen.

Objektvariablen verfügen über die gleichen Charakteristika wie auch die anderen Variablen, die Sie bereits kennengelernt haben. Damit sind die Regeln zur Deklaration und Benennung sowie Lebensdauer und Gültigkeit gemeint.

In der folgenden Tabelle finden Sie eine Übersicht der wichtigsten Objekttypen, auf die Sie mit Hilfe von Objektvariablen Bezug nehmen können:

Objekttyp	betrifft
Container	Objekt, das Informationen zu anderen Objekten enthält
Control	Steuerelement in einem Formular oder Bericht
Database	Datenbank
Field	Feld einer Tabelle, Abfrage, Datensatzgruppe, eines Index oder einer Beziehung
Form	Formular
Index	Tabellenindex
Parameter	Abfrageparameter
Property	Eigenschaft eines Objekts
QueryDef	Gespeicherte Abfrage
Recordset	Datensatzgruppe einer Tabelle oder Abfrage
Relation	Beziehung zwischen Tabellen- oder Abfragefeldern
Report	Bericht
TableDef	Gespeicherte Tabelle

Tab. L7.3: Durch Objektvariablen referenzierbare Access-Objekte

Formular zuweisen

Um mit einer Objektvariablen arbeiten zu können, müssen Sie stets zwei Schritte ausführen:

■ Sie deklarieren eine Objektvariable für einen Objekttyp, der dem im nächsten Schritt zuzuweisenden Objekt entspricht. Sie verwenden hier wie gewohnt das Schlüsselwort *As*, der Datentyp der Variablen ist *Form*:

Deklaration

```
Dim MyForm As Form
```

Zuweisung

■ Im zweiten Schritt weisen Sie der eben deklarierten Objekt-variablen eine Referenz auf ein geöffnetes Formular zu. Dies erfolgt allerdings nicht wie bei anderen Variablen mit dem Zuweisungsoperator =, sondern mit der *Set*-Anweisung:

```
Set MyForm = Forms!frmGebTag
```

Das war schon alles. Jetzt steht die Objektvariable für den vollständigen Verweis auf das betreffende Objekt. Die folgenden beiden Ausdrücke sind also im Prinzip identisch:

```
Forms!frmGebTag.Visible = True
MyForm.Visible = True
```

Sie finden im Übungsteil zu diesem Thema eine Frage beziehungsweise eine Aufgabe.

Die Zuweisung eines Berichts zu einer Objektvariablen erfolgt entsprechend. Der Datentyp der Variablen heißt *Report*.

Objektvariable als Parameter

Information

Ein typisches Beispiel für die oben angesprochene Flexibilität bei der Verwendung von Objektvariablen ist die Möglichkeit, diese als Parameter an Sub-Prozeduren oder Funktionen zu übergeben.

Beispiel

In der folgenden Prozedur wird ein Formular geschlossen, das beim Aufruf mit dem Parameter *myForm* übergeben wurde.

```
Public Sub FormSchliessen(myForm As Form)
    DoCmd.Close acForm, myForm.Name
End Sub
```

Der *Close*-Methode wird im zweiten Argument der Formularname aus der *Name*-Eigenschaft des zuvor deklarierten Objekts übergeben.

Steuerelement zuweisen

Auch Steuerelemente können Sie auf die gleiche Weise wie im vorherigen Abschnitt gezeigt zu einer Objektvariablen vom Typ *Control* referenzieren. Da sich ein Steuerelement jedoch immer auf einem Formular oder Bericht befindet, muss der entsprechende Objektname vorangestellt werden.

Information

Das folgende Beispiel deklariert die Objektvariable *myControl* mit dem Objekttyp *Control* und weist ihr das Steuerelement *txtZusatz* aus dem Formular *frmArtikel* zu. Dieses muss bei der Zuweisung in der Formularansicht geöffnet sein. Anschließend wird dem Steuerelement *txtZusatz* die Zeichenkette *Auslauf* zugewiesen.

Beispiel und Beschreibung

```
Dim myControl As Control
Set myControl = Forms!frmArtikel!txtZusatz
myControl = "Auslauf
```

Formular mehrfach öffnen

Es ist unter Access normalerweise nicht möglich, ein Formular mehrfach zu öffnen, obwohl dies in manchen Situationen durchaus sinnvoll wäre. Bei einem Formular mit Datensätzen von Artikeln kann es beispielsweise schon einmal erforderlich sein, die Angaben zu zwei Artikeln gleichzeitig betrachten zu können.

Die Lösung eines solchen Problems besteht darin, in VBA eine neue Instanz eines Formulars zu erstellen. Doch zunächst zum Hintergrund.

Hintergrund

Wenn Sie ein Formular in der Formularansicht öffnen, erstellen Sie gleichzeitig eine Instanz des Klassenmoduls dieses Formulars. Das heißt, Sie reservieren Speicherplatz im Arbeitsspeicher, in dem das Formular als Objekt existiert, solange es geöff-

Information

---

net ist. Dann können Sie mit VBA-Prozeduren die Methoden des Formulars aufrufen und seine Eigenschaften per VBA-Code einstellen beziehungsweise abfragen.

 Gleiches gilt entsprechend auch für einen Bericht, den Sie in der Seitenansicht öffnen.

Sie arbeiten in einer solchen Situation mit der sogenannten Standardinstanz der Klasse des Objekts – also des Formulars beziehungsweise des Berichts.

Es gibt allerdings auch die Möglichkeit, weitere Instanzen – sogenannte Nicht-Standardinstanzen – derselben Klasse eines Formulars zu erstellen und so das Formular auch mehrfach zu öffnen.

Schlüsselwort New

Dazu brauchen Sie lediglich mit Hilfe des Schlüsselworts *New* eine Objektvariable zu deklarieren, deren Typ der Klassenname des Formularmoduls ist.

Bei einem Formular mit dem Namen *frmArtikelZwei* hat das dazugehörige Klassenmodul den Namen *Form_ frmArtikelZwei*. Die folgende Anweisung erstellt beispielsweise eine neue Instanz des Formulars *frmArtikelZwei* und weist sie der Variablen *frmZweiteInstanz* mit dem Datentyp *Form* zu:

```
Dim frmZweiteInstanz As New Form_frmArtikelZwei
```

Beispiel

Aufgabenstellung

In dem folgenden Beispiel soll ein Formular über eine Schaltfläche zum zweiten Mal geöffnet werden können. Dazu benötigen wir neben der Schaltfläche noch eine öffentliche Prozedur in einem Standardmodul. Wir beginnen mit dem Anlegen der Prozedur.

Variablendeklaration

1 Deklarieren Sie im Deklarationsbereich des Moduls folgende Objektvariable:

```
Dim frmZweiteInstanz As Form
```

2 Erstellen Sie die Prozedur *FormZweiteInstanz* mit dem folgenden VBA-Code:

Prozedur

```
Public Sub FormZweiteInstanz()
01   Set frmZweiteInstanz = New Form_frmArtikelZwei
02   frmZweiteInstanz.SetFocus
End Sub
```

3 Kompilieren und speichern Sie das Modul.

In Zeile 01 wird der Objektvariablen *frmZweiteInstanz* eine neue Instanz des Klassenmoduls *Form_frmArtikelZwei* zugewiesen. Dadurch wird auch das Formular zum zweiten Mal geöffnet. Die Anweisung in Zeile 02 setzt den Fokus auf diese Formularinstanz.

Beschreibung

Jetzt fehlen noch die Schaltfläche und die dazugehörende Ereignisprozedur.

Befehlsschaltfläche

4 Öffnen die das Formular in der Entwurfsansicht.

5 Fügen Sie eine Befehlsschaltfläche ein und zeigen Sie das Eigenschaftenblatt an.

6 Legen Sie für das Ereignis *Beim Klicken* der Befehlsschaltfläche eine Ereignisprozedur an.

In dieser Ereignisprozedur muss lediglich die Prozedur *FormZweiteInstanz* aufgerufen werden.

Ereignisprozedur

7 Tippen Sie in den Prozedurrumpf `Call FormZweiteInstanz` ein.

8 Kompilieren und speichern Sie das Modul.

---

9 Wechseln Sie zur Formularansicht und klicken Sie auf die Schaltfläche, um die Prozeduren zu testen.

Sie haben dann das Formular ein zweites Mal geöffnet vor sich auf dem Bildschirm.

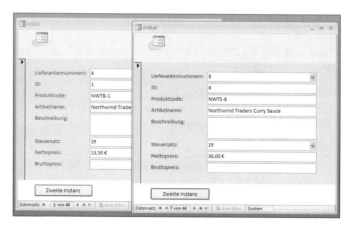

Abb. L7.10: Zwei geöffnete Instanzen eines Formulars

Sie können in jeder der beiden Formularinstanzen unabhängig voneinander navigieren, Datensätze anlegen und löschen usw.

Verweise auf Objektbibliotheken

Unter Access werden sogenannte Verweise benötigt und verwendet, um externe Codebibliotheken mit Klassenobjekten für VBA verfügbar zu machen. In Access 2007 sind standardmäßig die folgenden vier Bibliotheken eingebunden:

Standard-bibliotheken

- Visual Basic For Application
- Microsoft Access 12.0 Object Library
- OLE Automation
- Microsoft Office Access database engine Object Library

Information

Das Vorhandensein eines Verweises auf eine Bibliothek bedeutet, dass Sie per VBA Zugriff auf die Eigenschaften und Methoden des entsprechenden Objektmodells haben. Diese Bibliotheken können sowohl von Microsoft – beispielsweise Word, Excel oder Outlook – als auch von anderen Anbietern stammen.

Benötigte Verweise müssen Sie unter Access für jede einzelne Datenbank neu erstellen.

Verweise anzeigen

Sie können sich die eingebundenen Verweise im Dialogfeld *Verweise* anschauen.

1 Starten Sie den VBA-Editor.

2 Wählen Sie dort aus dem Menü *Extras* den Befehl *Verweise* aus oder drücken Sie die Tasten [Alt] + [X], [V].

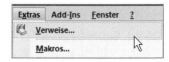

Abb. L7.11:
Der Menübefehl *Extras / Verweise*

Daraufhin wird das Dialogfeld *Verweise* angezeigt.

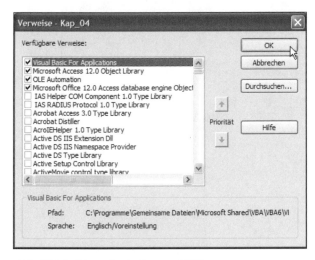

Abb. L7.12: Verweise in Access 2007

Eingebundene Verweise werden im Listenfeld *Verfügbare Verweise* zuerst angezeigt. Sie erkennen sie an dem markierten Kontrollkästchen vor dem Namen der Bibliothek.

3 Schließen Sie das Dialogfeld *Verweise* mit einem Klick auf die Schaltfläche *OK*.

Verweise erstellen

> Sie finden im Übungsteil zu diesem Thema eine Frage beziehungsweise eine Aufgabe.

Zum Abschluss dieses Kapitels erstellen wir nun einen neuen Verweis auf eine Objektbibliothek, die auf Ihrem Rechner auf jeden Fall installiert ist: die *Microsoft ActiveX Data Objects* oder *ADO*-Bibliothek.

1 Öffnen Sie das Dialogfeld *Verweise*.

2 Markieren Sie im Listenfeld *Verfügbare Verweise* das Kontrollkästchen vor dem Eintrag *Microsoft ActiveX Data Objects 2.8 Library*.

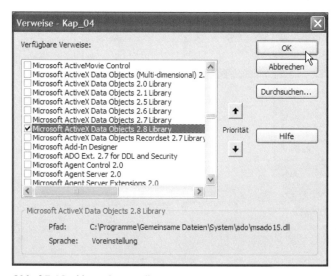

Abb. L7.13: Verweis erstellen

3 Klicken Sie anschließend auf die Schaltfläche *OK*, um das Dialogfeld *Verweise* zu schließen.

Falls die Version 2.8 dieser Library nicht auf Ihrem PC installiert sein sollte, können Sie problemlos eine niedrigere Version auswählen.

Zum Entfernen eines Verweises brauchen Sie lediglich im Dialogfeld *Verweise* die Markierung des Kontrollkästchens vor dem Namen der Bibliothek aufzuheben.

L8 Datenzugriff unter VBA

Access stehen zum direkten Datenzugriff verschiedene Objekte zur Verfügung. Mit dem Begriff Datenzugriff ist die direkte Manipulation von Tabellen, Feldern und den darin enthaltenen Daten gemeint.

Access stellt dazu eine ganze Reihe von Werkzeugen und Methoden zur Verfügung. Tabellen und Abfragen gelten dabei genauso als Objekte wie die Formulare und Berichte, die Sie im letzten Kapitel kennengelernt haben. Das heißt auch, dass der Datenzugriff über Objektvariablen möglich ist.

Access 2007 unterstützt ebenso wie seine Vorgängerversionen seit Access 2000 zwei verschiedene Objektbibliotheken für den Datenzugriff:

■ **D**ata **A**ccess **O**bjects unter der Bezeichnung *Microsoft* **ADO**
Office Access database engine Object Library.

■ **A**ctiveX **D**ata **O**bjects **DAO**

Dabei haben die Prioritäten von Microsoft im Laufe der Versionen eine klassische 180-Grad-Wendung vollzogen. Dazu mehr im folgenden Abschnitt.

Standardmäßig steht Ihnen in Access 2007 die DAO-Bibliothek **Standard-**
zur Verfügung. Falls Sie mit der ADO-Bibliothek arbeiten möch- **bibliothek**
ten, müssen Sie für jede Datenbank einen Verweis auf die Microsoft ActiveX Data Objects erstellen – so wie am Ende des letzten Kapitels beschrieben.

Sie lernen in diesem Kapitel lediglich das Datenzugriffsmodell DAO näher kennen. Das geschieht in erster Line aus Platzgründen. Über ADO ließe sich beispielsweise locker ein umfangreicheres Buch als dieses hier schreiben.

Außerdem ist das DAO-Datenmodell für die Arbeit mit reinen Access-Datenbanken geeigneter und zudem noch als die Standard-Datenzugriffsmethode von Access vorgesehen. Die Hinweise zum ADO-Datenmodell sind also lediglich als Anreiz und Einsteig zum Selbststudium zu verstehen.

Der Schwerpunkt bei der Darstellung des DAO-Datenmodells in diesem Kapitel liegt auf dem Bereich, der Ihnen auch bei der Arbeit mit Access am häufigsten begegnen wird: der Arbeit mit Daten und Datensätzen.

DAO und ADO im Wechselspiel

Die Prioritäten Microsofts in Bezug auf die favorisierte Datenzugriffsmethode haben sich in den letzten Jahren im wahrsten Sinne des Wortes grundlegend geändert.

Bis einschließlich Access 97 existierte nur DAO als Datenzugriffsmethode. Ab Access 2000 kam ADO hinzu. Die Priorität von Microsoft wurde dadurch deutlich, dass der Verweis auf die ADO-Bibliothek standardmäßig voreingestellt war. Wenn also ein Anwender mit DAO arbeiten wollte, musste er zunächst einen Verweis auf die DAO-Bibliothek anlegen. Dies war auch bei Access 2002 der Fall – ADO schien also der designierte Nachfolger von DAO zu sein.

Mit dem Release von Access 2003 hatten sich die Verhältnisse geändert. Nun waren standardmäßig beide Bibliotheken eingebunden. Interessant war dabei die Reihenfolge, die auch eine Priorität beim Zugriff ausdrückt: DAO vor ADO (siehe Abbildung L8.1).

In Access 2007 ist die ADO-Bibliothek aus den Verweisen verschwunden und die DAO-Bibliothek standardmäßig voreingestellt. Der Schluss daraus ist relativ einfach: Die Zukunft gehört offensichtlich DAO.

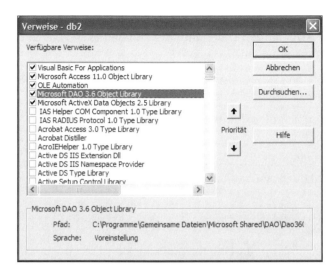

Abb. L8.1: Standardmäßige Verweise in Access 2003

DAO oder ADO

Viele Anwender fragen sich, für welche Datenzugriffstechnologie man sich zu Beginn der Entwicklung einer neuen Access-Anwendung entscheiden sollte – DAO oder ADO. Ganz abgesehen von den wechselnden Schwerpunkten Microsofts werden Ihnen bei der Bearbeitung dieser Frage mit Sicherheit die folgenden Fakten helfen:

DAO wurde schwerpunktmäßig für den Zugriff auf Jet-Datenbanken entwickelt und optimiert. Beim Einsatz in einer reinen Access-Umgebung ist DAO daher performanter und für viele Einsatzbereiche auch deutlich komfortabler zu handhaben.

DAO hat außerdem schon seit längerer Zeit einen sehr stabilen Entwicklungszustand erreicht, der vor allem frei von bekannten gravierenden Fehlern ist. Daraus ergibt sich geradezu zwangsläufig, dass für reine Access-Anwendungen DAO die optimale Datenzugriffstechnologie ist.

Falls Sie allerdings eine Anwendung planen, die mit Sicherheit oder möglicherweise auf den SQL-Server oder die Microsoft

Desktop Engine (MSDE) portiert werden soll, dann verwenden Sie besser ADO für den Datengriff. Sie ersparen sich zeitintensive Änderungsarbeiten.

ADO sollten Sie außerdem noch in folgenden Fällen verwenden:

- beim Zugriff auf externe Datenbanken ohne Tabellenverknüpfungen

- bei Webdatenbanken, wenn also von einer PHP- oder ASP-Seite auf die Datenbank zugegriffen wird

Deklarationen

Bei der Deklaration von Datenzugriffsobjekten sollten Sie auf jeden Fall auch den VBA-Namen der Objektbibliothek mit verwenden. Also so:

```
'Deklaration eines DAO-Recordsets
Dim rs As DAO.Recordset
'Deklaration eines ADO-Recordsets
Dim rs As ADODB.Recordset
```

Dafür gibt es zwei gut Gründe:

- Erstens ist der Zugriff schneller, weil VBA gezielt und direkt auf die richtige Objektbibliothek zugreifen kann. Anderenfalls müssten erst die vorhandenen Objektbibliotheken nach dem betreffenden Objekt durchsucht werden.

- Der zweite Grund fällt bei der Betrachtung des Beispiels ins Auge: die Namensgleichheit von Objekten in der DAO- und ADO-Bibliothek. Falls Sie beide Bibliotheken eingebunden haben, sind in beiden Bibliotheken verschiedene gleichnamige Objekte und Methoden vorhanden. Dadurch kann es zu Syntax- und Laufzeitfehlern kommen, wenn VBA auf die falsche Bibliothek zugreift.

Das DAO-Objektmodell

Das DAO-Objektmodell ist ein recht komplexes Gebilde, von dem in diesem Zusammenhang nur die allerwichtigsten Elemente angesprochen werden können. Es stellt eine schematische Abbildung der DAO-Objektbibliothek dar.

Diese Objektbibliothek enthält alle notwendigen Objekte, Methoden und Eigenschaften, um den Zugriff auf den Kern einer Jet-Datenbank, also im Wesentlichen auf Tabellen, Beziehungen, Abfragen und Zugriffsrechte zu ermöglichen. **Information**

Der Zugriff auf die DAO-Bibliothek ist übrigens nicht nur aus Access heraus möglich. Er steht auch allen VBA-fähigen Anwendungen und über entsprechende Treiber auch anderen Programmiersprachen zur Verfügung.

Die DAO-Objekte sind hierarchisch strukturiert. In der obersten Ebene befindet sich das Objekt *DBEngine*, das die Datenbankengine selbst darstellt.

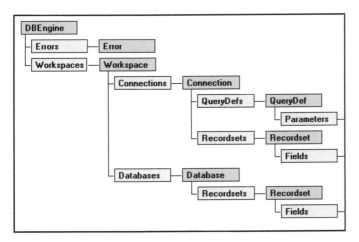

Abb. L8.2: Das DAO-Objektmodell – vereinfachte Darstellung

Auf der nächsten Hierarchieebene befinden sich die Objekte *Errors* und *Workspaces*, die zugleich Auflistungsobjekte sind.

Da es – wie schon erwähnt – nicht möglich ist, alle Objekte ausführlich mit ihren Eigenschaften und Methoden vorzustellen und zu besprechen, finden Sie hier nur die für den praktischen Gebrauch wichtigsten vor.

Das Workspace-Objekt

Information

Das *DBEngine*-Objekt stellt mehrere *Workspace*-Objekte zur Verfügung, die allerdings teilweise nur aus Gründen der Abwärtskompatibilität zu älteren Access-Versionen zu Verfügung stehen: *Users* und *Groups*.

Damit kann das Sicherheitssystem von Datenbanken im Access-2000- beziehungsweise 2002/2003-Format – das in dieser Form unter Access 2007 nicht mehr zur Verfügung steht – verwaltet werden.

Das Database-Objekt

Information

Das Objekt *Database* ist Container unter anderem für die Objekte *TableDef*, *QueryDef* und *Recordset*. Sie können daher über eines dieser Objekte nur dann verfügen, wenn Sie zuvor auf das übergeordnete *Database*-Objekt – das in der Regel die aktuell geöffnete Datenbank darstellt – verwiesen haben.

Die Objekte TableDef und QueryDef

Sie finden im Übungsteil zu diesem Thema eine Frage beziehungsweise eine Aufgabe.

Das Objekt *TableDef* stellt die Definition einer lokalen oder eingebunden Tabelle dar. Es ermöglicht den Zugriff auf die Tabelle als Objekt, die Tabellenfelder und die Indizes – allerdings nicht auf die in der Tabelle gespeicherten Daten.

Das Objekt *QueryDef* dagegen stellt die Definition einer gespeicherten Abfrage dar.

Das Recordset-Objekt

Die beiden eben beschriebenen Objekte *TableDef* und *QueryDef* ermöglichen wie schon erwähnt lediglich den Zugriff auf die Definitionen von Tabellen bzw. Abfragen, nicht jedoch auf deren Daten.

Dies ermöglicht die Verwendung des Objekts *Recordset*. Mit diesem Objekt werden Sie bei der Arbeit mit Access wahrscheinlich am häufigsten zu tun haben. Deswegen bilden seine Methoden und Eigenschaften auch den Schwerpunkt dieses Kapitels.

DAO-Objekte im Zugriff

Der Zugriff auf DAO-Objekte ist nur per VBA möglich. Die Voraussetzung für eine problemlos und performante Verarbeitung ist die Deklaration von entsprechenden Objektvariablen. Dabei hat die Objektvariable als Datentyp jeweils den Typ des Objekts, der ihr zugewiesen wird.

Dies ist Ihnen bereits im letzten Kapitel im Zusammenhang mit den Access-Objekten *Form* und *Report* begegnet.

Objekttyp Database

Sie finden im Übungsteil zu diesem Thema eine Frage beziehungsweise eine Aufgabe.

Für den Zugriff auf Datenbanken stellt Ihnen VBA den Objekttyp *Database* zur Verfügung. Die Variablendeklaration lautet also:

Database-Objekt

```
Dim db As Database
```

Dieser Variablen weisen Sie anschließend folgende Referenz zu:

```
Set db = DBEngine.Workspaces(0).Databases(0)
```

Der Zahlenwert *0* bezeichnet die Position der Datenbank innerhalb der Workspaces-Auflistung. Dies kommt daher, dass es unter VBA möglich ist, mehrere Datenbanken zu öffnen. Mit der Positionsnummer *0* wird die aktuell geöffnete Datenbank bezeichnet.

Als Alternative steht auch die folgende zweite und kürzere Schreibweise zur Verfügung:

```
Set db = DBEngine(0)(0)
```

CurrentDb

VBA stellt noch eine weitere Vereinfachung zum Zugriff auf die aktuelle Datenbank zur Verfügung: die Funktion *CurrentDb*. Daraus ergibt sich eine dritte Schreibmöglichkeit:

```
Set db = CurrentDb
```

Diese letzte Schreibweise wird in diesem Buch durchgängig verwendet.

TIPP Wenn Sie von außerhalb – beispielsweise von Word oder Excel aus – per VBA auf ein *Database*-Objekt zugreifen möchten, müssen Sie die Codierung *Set db = DBEngine(0)(0)* verwenden.

Beispiel 1

Das folgende Beispiel gibt mit Hilfe der *Name*-Eigenschaft des *Database*-Objekts den Namen und den Pfad der aktuellen Datenbank in einem Meldungsfenster aus (Zeile 03):

```
Public Sub NameAktuelleDb()
01    Dim db As Database
02    Set db = CurrentDb
```

```
03      MsgBox db.Name
04      Set db = Nothing
End Sub
```

Das Ergebnis der Prozedur:

Abb. L8.3: Name und Pfad der aktuellen Datenbank

Noch eine wichtige Ergänzung zum Quellcode der Beispielprozedur:

Schlüsselwort Nothing

Das Schlüsselwort *Nothing* in Zeile 04 hebt die Verbindung der zuvor deklarierten Objektvariablen zum zugehörigen Objekt wieder auf und gibt so auch die vorher reservierten Systemressourcen wieder frei. Eine solche Freigabe von Systemressourcen sollten Sie immer ausdrücklich im VBA-Code vornehmen.

Für den Zugriff auf eine andere als die aktuelle Datenbank verwenden Sie die Methode *Open Database*. Dieser Methode müssen Name und vollständiger Pfad der betreffenden Datenbank übergeben werden.

Open Database-Methode

Das folgende Beispiel öffnet eine beliebige Datenbank und gibt Namen und Pfad im Direktfenster aus.

Beispiel 2

```
Public Sub OeffnenBeliebigeDb()
01      Dim db As Database
02      Set db = OpenDatabase("D:\Daten\Access
        2007\Kapitel_L_06.accdb")
03      Debug.Print db.Name
04      db.Close
05      Set db = Nothing
End Sub
```

Beschreibung

In Zeile 02 werden der Methode *Open Database* Name und Pfad der Datenbank übergeben. In Zeile 04 wird die geöffnete Datenbank mit Hilfe der Methode *Close* des *Database*-Objekts wieder geschlossen.

Dies ist neben der Freigabe der Objektvariablen (Zeile 05) die zweite Regel, die Sie bei der Programmierung mit Datenbankobjekten beachten sollten: das ausdrückliche Schließen aller geöffneten Objekte.

Aktuelle Datenbank schließen

Die *Close*-Methode können Sie allerdings nicht zum Schließen der aktuellen Datenbank verwenden. Dazu müssen Sie die Methode *CloseCurrentDatabase* des *Application*-Objekts benutzen:

```
Application.CloseCurrentDatabase
```

Objekttyp TableDef

Information

Der Objekttyp *TableDef* als Bestandteil der Auflistung *TableDefs* ermöglicht den Zugriff auf Tabellendefinitionen.

Sie finden im Übungsteil zu diesem Thema eine Frage beziehungsweise eine Aufgabe.

Sie können sich auf eine bestimmte Tabelle beziehen, indem Sie zum *TableDefs*-Objekt die Position der Tabelle in der Auflistung oder den Tabellennamen in Klammern angeben. Die Positionsnummer beginnt dabei mit dem Wert *0*.

Beispiel

Das folgende Beispiel gibt die Feldnamen einer Tabelle im Direktfenster aus:

```
Public Sub TableDefBeispiel()
01    Dim db As DAO.Database
02    Dim tdf As DAO.TableDef
03    Dim fld As DAO.Field
04    Set db = CurrentDb
05    Set tdf = db.TableDefs("tblAdressenKontakte")
```

```
06      For Each fld In tdf.Fields
07          Debug.Print fld.Name
08      Next fld
09      Set fld = Nothing
10      Set tdf = Nothing
11      Set db = Nothing
End Sub
```

In den Zeilen 01 bis 03 werden die Objektvariablen für die **Beschreibung**
Objekte *Database*, *TableDef* und *Field* deklariert. Sie erkennen,
dass diese Deklaration – bezogen auf das Objektmodell – in
hierarchisch absteigender Form erfolgt.

Diese Reihenfolge erkennen Sie auch bei der Zuweisung der
Objektvariablen (Zeilen 04 und 05) und der Verarbeitung innerhalb der *For...Each*-Schleife (Zeile 06). Letzteres müssen Sie
unbedingt einhalten, weil ansonsten ein Fehler auftritt.

Nach der Abarbeitung der Schleife werden die Objektvariablen
wieder freigegeben – diesmal konsequenterweise in hierarchisch aufsteigender Reihefolge. Da diesmal kein Objekt
geschlossen werden muss, ist die Prozedur damit zu Ende.

Objekttyp Recordset

Das Objekt *Recordset* wird in diesem Abschnitt aus schon
erwähnten Gründen eine intensivere Behandlung erfahren.

Überblick

Der Zugriff auf die Daten einer Datenbank erfolgt innerhalb von
VBA über *Recordset*-Objekte. Diese Objekte stellen nichts
anderes als eine Gruppe von Datensätzen dar. Deswegen werden sie auch als Datensatzgruppen bezeichnet.

Die Datensätze einer solchen Datensatzgruppe können entweder direkt aus einer Tabelle stammen oder das Ergebnis einer
Abfrage sein.

Datensatzgruppen verfügen über einen sogenannten Datensatzzeiger, der auf den aktuellen Datensatz zeigt. Mit Hilfe bestimmter Methoden kann dieser Datensatzzeiger auf andere Datensätze verschoben werden, so dass ein Zugriff auf jeden beliebigen Datensatz möglich ist.

Wir beginnen mit der Deklaration der Objektvariablen und öffnen anschließend ein Recordset.

Deklaration der Objektvariablen

Die Deklaration der Objektvariablen für den Objekttyp *Recordset* erfolgt in der Ihnen mittlerweile mit Sicherheit bereits vertrauten Form:

```
Dim rs As Recordset
```

Die Methode Open Recordset

Nach der Variablendeklaration weisen die Datensatzgruppe der Methode *OpenRecordset* zu. Dabei sind die folgenden beiden allgemeinen Syntaxformen möglich:

Syntax 1

```
Set Variable = Database.OpenRecordset(Herkunft[, Type[,
Optionen]] [, LockType])
```

Syntax 2

```
Set Variable = ObjectType.OpenRecordset(Herkunft[, Type[,
Optionen]] [, LockType])
```

Zunächst zu den Unterschieden der beiden Syntaxformen:

Beschreibung

Die Syntaxform 1 muss verwendet werden, wenn es sich bei dem Objekt, aus dem das Recordset erstellt werden soll, um eine Datenbank handelt. Dann muss für den Parameter *Herkunft* der Name einer Tabelle oder Abfrage angegeben werden.

Beschreibung

Die Syntaxform 2 gilt für alle anderen Objekte – die keine Datenbank sind –, die Grundlage für ein Recordset sein können: dazu zählen *TableDef-*, *QueryDef-*, *TableDef-* und andere *Recordset*-Objekte.

Sie erkennen an dem letzten aufgeführten Objekt *Recordset*, dass also ein neues Recordset auch auf der Grundlage eines bereits bestehenden Recordsets erstellt werden kann.

Die folgende Tabelle gibt Ihnen einen Überblick über die weiteren Argumente der Methode *OpenRecordset*:

Argument	Bedeutung
Herkunft	Eine Zeichenkette, die die Herkunft der Datensätze für das neue *Recordset*-Objekt angibt. Hier sind der Name einer Tabelle beziehungsweise eine Abfrage oder eine SQL-Anweisung, die Datensätze zurückgibt, möglich.
Type	Eine Konstante, die den Datentyp des neuen *Recordset*-Objekts definiert. Eine Aufstellung der verschiedenen Typen finden Sie im folgenden Abschnitt »Recordsettypen«.
Optionen	Eine Konstante, die zusätzlich Merkmale des neuen *Recordset*-Objekts festlegt.
LockType	Eine Konstante, die das Sperrverhalten für das neue *Recordset*-Objekt festlegt.

Tab. L8.1:   Argumente der Methode *OpenRecordset*

Falls Sie das wahlfreie Argument *Type* nicht angeben, werden in Abhängigkeit vom Argument *Objekt* von Access folgende Standardwerte angenommen:

Wert des Arguments *Objekt*	Standardwert für das Argument *Type*
TableDef (lokale Tabelle)	dbOpenTable
Database	dbOpenDynaset
QueryDef	dbOpenDynaset
TableDef (eingebundene Tabelle)	dbOpenDynaset
Recordset	Type-Konstante, die dem Ausgangs-Recordset entspricht

Tab. L8.2:   Standardwerte für das Argument *Type*

Recordsettypen

Beim Öffnen eines Recordsets kann Access vier verschiedene Typen von Datensatzgruppen zur Verfügung stellen. Die drei wichtigsten – weil gebräuchlichsten – sind die Typen *dbOpen-Table*, *dbOpenDynaset* und *dbOpenSnapshot*. Diese haben folgende Bedeutung:

■ dbOpenTable

dbOpenTable

Der Öffnungstyp *Table* verweist auf eine lokale Tabelle. Er kann also nicht für eine eingebundene Tabelle verwendet werden. Die Datensatzgruppe enthält alle Datensätze, die auch in der Tabelle enthalten sind. Auch die Reihenfolge der Datensätze stimmt mit der in der Tabelle überein.

Einige Methoden – beispielsweise die Methode *Seek* für die Suche in indizierten Feldern – sind nur für diesen Typ ausführbar.

Eine solche Datensatzgruppe ist damit ein direktes Abbild einer Tabelle, weil sich alle Datensatzänderungen am Recordset direkt in der zugrunde liegenden Tabelle auswirken. Umgekehrt werden auch alle Datensatzänderungen in der Tabelle im Recordset angezeigt.

dbOpen-Dynaset

■ dbOpenDynaset

Der Öffnungstyp *Dynaset* ist der Öffnungsstandard für verknüpfte Tabellen, Abfragen und SQL-Select-Anweisungen. Ein Dynaset ist im Prinzip nichts anderes als das Ergebnis einer Abfrage. Die Datensätze dieser Datensatzgruppe können also auch auf mehreren verknüpften Tabellen basieren und beispielsweise beliebig sortiert und gefiltert sein.

Die Datensatzgruppe eines Dynasets kann in den meisten Fällen auch verändert werden.

dbOpen-Snapshot

■ dbOpenSnapshot

Der Öffnungstyp *Snapshot* entspricht bis auf einen wichtigen Unterschied dem Typ *Dynaset:* Weil das *Snapshot* eine statische Kopie der Datensätze ist, kann es nicht aktualisiert werden.

Gegenüber dem Typ *Dynaset* weist es bei seinem passiven Datenzugriff allerdings einen deutlichen Geschwindigkeitsvorteil auf.

Neben diesen drei wichtigsten Öffnungstypen für ein Recordset steht noch der vierte Öffnungstyp *dbOpenForwardOnly* zur Verfügung. Dieser hat folgende Bedeutung:

■ dbOpenForwardOnly

Der Öffnungstyp *dbOpenForwardOnly* entspricht weitgehend dem Typ *Snapshot*. Dabei kann die Datensatzgruppe aber nur einmal – und zwar vorwärts – durchlaufen werden.

dbOpen-ForwardOnly

Öffnungsoptionen

In der folgenden Tabelle finden Sie noch die Beschreibung der Konstanten des Parameters *Optionen*. Dieser Parameter ist einmal für die Behandlung von Datensatzgruppen in einer Mehrbenutzerumgebung interessant. Außerdem können Sie mit seiner Hilfe noch weitere Optionseinstellungen vornehmen.

Konstante	Bedeutung
dbAppendOnly	Diese Option lässt nur das Anfügen von Datensätzen zu. Geltungsbereich: Öffnungstyp *Dynaset*.
dbConsistent	Diese Option lässt nur konsistente Datensatzänderungen zu. Geltungsbereich: Öffnungstypen *Dynaset* und *Snapshot*.
dbDenyWrite	Das Recordset ist schreibgeschützt. Es können also keine Datensätze geändert oder gelöscht werden.
dbDenyRead	Das Recordset ist lesegeschützt. Geltungsbereich: Öffnungstyp *Table*.
dbForwardOnly	Das Recordset kann nur vorwärts durchlaufen werden. Es entspricht also dem Öffnungstyp *dbOpenForwardOnly*.

Tab. L8.3: Konstanten des Parameters *Optionen*

Beispiele zum Öffnen von Recordsets

Nun wird es aber langsam Zeit für einige Beispiele zum Öffnen von DAO-Recordsets.

Beispiel 1 Im ersten Beispiel wird ein Recordset auf der Basis einer lokalen Tabelle geöffnet:

```
Public Sub RsOpenTable()
01    Dim db As DAO.Database
02    Dim rs As DAO.Recordset
03    Set db = CurrentDb
04    Set rs = db.OpenRecordset("tblArtikel", dbOpenTable)
04      With rs
        ' Recordset bearbeiten
05      End With
06    rs.Close
07    Set rs = Nothing
08    Set db = Nothing
End Sub
```

Beschreibung In Zeile 04 wird den zuvor deklarierten Objektvariablen die Methode *OpenRecordset* zuwiesen. Auf das übergebene Argument *dbOpenTable* hätte hier verzichtet werden können, weil die Grundlage des Recordsets eine lokale Tabelle ist. Anschließend kann das Recordset bearbeitet werden, was im Code zum Beispiel durch die *With*-Anweisung angedeutet wird (Zeilen 04 und 05).

Nach der Bearbeitung wird das Recordset geschlossen (Zeile 06). Abschließend werden noch die beiden Objektvariablen freigegeben.

Beispiel 2 Im zweiten Beispiel wird ein Recordset auf der Basis einer gespeicherten Abfrage geöffnet:

```
...
01    Set db = CurrentDb
02    Set rs = db.OpenRecordset("qryArtikel", dbOpenDynaset)
03      With rs
```

```
      ' Recordset bearbeiten
04    End With
05    rs.Close
...
```

Beim Code zu diesem Beispiel wurde auf den Abdruck der **Beschreibung**
Deklaration und des Freigebens der Objektvariablen verzichtet.
Dies schaut alles genauso wie beim vorherigen Beispiel aus.

In Zeile 02 wird wieder der Methode *OpenRecordset* das Argument
ment für den Recordsettyp mit übergeben. Auch hier ergibt sich
der Typ des Recordsets zwangsläufig aus seiner Herkunft,
einer gespeicherten Abfrage.

Im dritten Beispiel wird ein Recordset auf der Basis einer SQL- **Beispiel 3**
Anweisung geöffnet:

```
...
01  Set db = CurrentDb
02  Set rs = db.OpenRecordset("SELECT * FROM tblArtikel;")
03    With rs
        ' Recordset bearbeiten
04    End With
05    rs.Close
...
```

Das dritte Beispiel ist mit dem zweiten bis auf die Tatsache **Beschreibung**
identisch, dass die Herkunft des Recordsets eine SQL-Anweisung
sung ist (Zeile 02). Auf die nicht erforderliche Angabe der Typ-
konstanten *(dbOpenDynaset)* wurde hier verzichtet.

Eine als Herkunftsargument übergebene SQL-Anweisung darf **Auswahl-**
nur eine Auswahlabfrage sein – Aktionsabfragen sind an diese **abfragen**
Stelle nicht erlaubt.

Zum Ausführen von Aktionsabfragen unter VBA müssen Sie die **Aktions-**
Methode *Execute* des *Database*-Objekts verwenden. Der VBA- **abfragen**
Code aus dem folgenden Beispiel löscht – ohne jede Nach-
frage! – alle Datensätze der angegebenen Tabelle:

```
Public Sub DsLoeschen()
01    Dim db As DAO.Database
02    Set db = CurrentDb
03    db.Execute "Delete * FROM tblArtikel"
04    Set db = Nothing
End Sub
```

DAO-Recordsets handhaben

Das Öffnen eines Recordsets ist immer der erste Schritt. Anschließend geht es üblicherweise um das Navigieren oder Suchen im Recordset. Diese und weitere Methoden der DAO-Bibliothek lernen Sie in diesem Abschnitt kennen.

Move – Navigation im Recordset

Zur Navigation oder zum Blättern in einem geöffneten DAO-Recordset verwenden Sie die Methoden *MoveFirst*, *MoveLast*, *MoveNext*, *MovePrevious*. Diese Methoden setzen den Datensatzzeiger auf den ersten, letzten, nächsten beziehungsweise vorangehenden Datensatz. Die vier *Move*-Methoden haben die folgende allgemeine Syntax:

Syntax
```
Recordset-Objekt.MoveFirst
Recordset-Objekt.MoveLast
Recordset-Objekt.MoveNext
Recordset-Objekt.MovePrevious
```

Die vier *Move*-Methoden sind übrigens mit den Navigationsschaltflächen in Formularen vergleichbar, mit denen Sie durch Datensätze navigieren können.

TIPP Wenn Sie ein Recordset öffnen, positioniert Access den Datensatzzeiger – falls Datensätze vorhanden sind – automatisch auf den ersten Datensatz.

Im folgenden Beispiel wird ein Recordset geöffnet und der **Beispiel** Datensatzzeiger auf den letzten Datensatz positioniert:

```
Public Sub RsMove()
01    Dim db As DAO.Database
02    Dim rs As DAO.Recordset
03    Set db = CurrentDb
04    Set rs = db.OpenRecordset("tblArtikel", dbOpenTable)
05      rs.MoveLast
06    rs.Close
07    Set rs = Nothing
08    Set db = Nothing
End Sub
```

Nach dem Öffnen des Recordsets wird in Zeile 06 der Daten- **Beschreibung** satzzeiger mit der Anweisung *rs.MoveLast* auf den letzten Datensatz positioniert.

Die Eigenschaften BOF und EOF

> Sie finden im Übungsteil zu diesem Thema eine Frage beziehungsweise eine Aufgabe.

Der erste und der letzte Datensatz einer Datensatzgruppe erfordern eine besondere Beachtung. Wenn der Datensatzzeiger auf dem letzten Datensatz steht und Sie die *MoveNext*-Methode ausführen, wird der Datensatzzeiger ohne Fehlermeldung hinter dem letzten Datensatz positioniert. Bei einem erneuten *MoveNext* oder dem Versuch, auf diesen nicht vorhandenen Datensatz zuzugreifen, bricht die Prozedur mit einem Laufzeitfehler ab.

In dem folgenden Beispiel ist die *rs.MoveNext*-Anweisung in Zeile 04 die zweite nach der Positionierung auf den letzten Datensatz:

```
...
01  Set rs = db.OpenRecordset("tblArtikel", dbOpenTable)
02      rs.MoveLast
```

```
03      rs.MoveNext
04      rs.MoveNext
...
```

Das Ergebnis ist die folgende Fehlermeldung:

Abb. L8.4:   Fehlermeldung

EOF

Um diese Situation programmtechnisch zu beherrschen, verfügen Datensatzgruppen über die Eigenschaft *EOF (= End Of
File)*. Die Eigenschaft besitzt standardmäßig den Wert *False*.
Falls der Datensatzzeiger aber hinter dem letzten Datensatz
steht, wird der Wert dieser Eigenschaft *True*.

Sie finden im Übungsteil zu diesem Thema eine Frage beziehungsweise eine Aufgabe.

BOF

Sinngemäß gilt dies auch für den ersten Datensatz einer Datensatzgruppe, für den die Eigenschaft *BOF (= Bottom Of File)*
zutrifft. Diese erhält den Wert *True*, falls der Datensatzzeiger
vor dem ersten Datensatz steht.

Der Wert der Eigenschaften *BOF* oder *EOF* kann in einer
Schleife als Abbruchbedingung zum gesteuerten und damit feh-
lerfreien Durchlaufen von Datensatzgruppen genutzt werden.

Dazu das folgende Beispiel:

```
Public Sub RsMove()
01    Dim db As DAO.Database
02    Dim rs As DAO.Recordset
03    Set db = CurrentDb
04    Set rs = db.OpenRecordset("tblArtikel", dbOpenTable)
05      Do Until rs.EOF
06        Debug.Print rs!Artikelname
07        rs.MoveNext
08      Loop
09    rs.Close
10    Set rs = Nothing
11    Set db = Nothing
End Sub
```

In diesem Beispiel wird eine geöffnete Datensatzgruppe in einer **Beschreibung**
Do Until...Loop-Schleife (Zeilen 05 und 08) mit der Methode
MoveNext (Zeile 07) so lange nach hinten durchlaufen, bis die
Eigenschaft *EOF* den Wert *True* hat.

Damit ein Minimum an Verarbeitung vorhanden ist, wird innerhalb der Schleife für jeden Datensatz der Inhalt des Feldes *Artikelname* im Direktfenster ausgegeben (Zeile 06).

RecordCount – Datensätze zählen

Zum Zählen von Datensätzen in Datensatzgruppen steht die **Information**
Eigenschaft *RecordCount* zur Verfügung. Der Datentyp der
Eigenschaft *RecordCount* ist *Long*. Achten Sie bitte darauf,
wenn Sie diesen Wert in einer Variablen speichern möchten.

Bei der Anwendung der Eigenschaft *RecordCount* müssen Sie
allerdings vorsichtig sein und genau auf den Typ des geöffneten Recordsets achten.

Table

Bei einem Recordset vom Typ *Table* (Zeile 04) können Sie die
Eigenschaft *RecordCount* ohne weiteres Nachdenken verwen-

den. Das folgende Beispiel gibt die korrekte Anzahl der Datensätze im Direktfenster aus (Zeile 05):

```
Public Sub DSZaehlen_1()
01    Dim db As DAO.Database
02    Dim rs As DAO.Recordset
03    Set db = CurrentDb
04    Set rs = db.OpenRecordset("tblArtikel", dbOpenTable)
05        Debug.Print rs.RecordCount
06    rs.Close
07    Set rs = Nothing
08    Set db = Nothing
End Sub
```

Das ist also ganz einfach und vollkommen unproblematisch.

Dynaset und Snapshot

Wenn Sie allerdings dieselbe Datensatzgruppe als *Dynaset*
oder *Snapshot* öffnen (Zeile 01), erhalten Sie als Ergebnis der
Eigenschaft *RecordCount* im Direktfenster den Wert 1 angezeigt (Zeile 02) – was offensichtlich falsch ist:

```
...
01  Set rs = db.OpenRecordset("tblArtikel", dbOpenDynaset)
02      Debug.Print rs.RecordCount
...
```

Hintergrund   Der Grund dafür liegt darin, dass bei Datensatzgruppen des
Typs *Dynaset* und *Snapshot* nur die Anzahl der Datensätze
zurückgegeben wird, auf die vor dem Aufruf von *RecordCount*
bereits zugegriffen wurde.

Problem-   Diese Begründung bietet auch gleichzeitig die Lösung des Pro-
lösung   blems an: Führen Sie einfach direkt nach dem Öffnen der
Datensatzgruppe (Zeile 01) die Methode *MoveLast* aus (Zeile
02). Anschließend gibt die Eigenschaft *RecordCount* die korrekte Anzahl der Datensätze aus (Zeile 03):

```
...
01  Set rs = db.OpenRecordset("tblArtikel", dbOpenDynaset)
02      rs.MoveLast
03      Debug.Print rs.RecordCount
...
```

Beispiel 2

> Falls die Datensatzgruppe keine Datensätze beinhaltet, hat die *RecordCount*-Eigenschaft – unabhängig vom Typ des Recordsets – den Wert *0*.

Zugriff auf Datenfelder

Ein Zugriff auf ein Datenfeld innerhalb eines Recordsets wurde schon in einem der letzten Beispiele gezeigt.

```
Debug.Print rs!Artikelname
```

Der Zugriff auf ein Datenfeld ist in folgenden beiden Syntaxformen möglich:

```
Datensatzgruppe.Fields!NameDatenfeld
Datensatzgruppe.Fields("NameDatenfeld")
```

Syntaxformen

> Falls der Feldname Leer- oder Sonderzeichen enthält, muss er bei der ersten Schreibweise von eckigen Klammern [] eingeschlossen werden, also beispielsweise *Datensatzgruppe. Fields![Name Datenfeld]*.

Da es sich bei der *Fields*-Auflistung um eine Standardauflistung des *Recordset*-Objekts handelt, können Sie auch die folgende verkürzte Schreibweise verwenden:

```
Datensatzgruppe!NameDatenfeld
Datensatzgruppe("NameDatenfeld")
```

Verkürzte Schreibweise

Diese verkürzte Schreibweise ist allgemein üblich und wird auch in diesem Buch durchgängig verwendet.

Falls Ihnen einmal eine der folgenden Schreibweisen

```
Datensatzgruppe!NameDatenfeld.Value
Datensatzgruppe("NameDatenfeld").Value
```

begegnen sollte, so sind diese selbstverständlich auch syntaktisch richtig. Da aber die *Value*-Eigenschaft Standardeigenschaft des *Field*-Objekts ist, kann sie ebenfalls wegelassen werden.

Recordset sortieren und filtern

Beim Sortieren beziehungsweise Filtern hängt die Vorgehensweise ebenfalls vom Typ des Recordsets ab. Wir beginnen mit dem Typ *Table*.

Typ Table

Ein Recordset vom Typ *Table* kann nur nach einem Index sortiert werden, den Sie beim Tabellenentwurf festlegen beziehungsweise dort ändern.

Abb. L8.5: Das Dialogfeld *Indizes*

Im Feld *Sortierreihenfolge* können Sie eine auf- beziehungsweise absteigende Sortierung festlegen.

Nachdem Sie im Tabellenentwurf einen Index erstellt beziehungsweise die Sortierreihenfolge geändert haben, können Sie diese Indexeigenschaft der Eigenschaft *Index* des *Recordset*-Objekts zuweisen.

Dies geschieht in dem folgenden Beispiel in der Zeile 05. Beim Öffnen ordnet Access die Datensätze gemäß dieses Index an und positioniert den Datensatzzeiger auf den ersten Datensatz.

Beispiel

```
Public Sub RsSortTable()
01    Dim db As DAO.Database
02    Dim rs As DAO.Recordset
03    Set db = CurrentDb
04    Set rs = db.OpenRecordset("tblArtikel", dbOpenTable)
05    rs.Index = "idxArtikelname"
06      Do While Not rs.EOF
07        Debug.Print rs!Artikelname
08        rs.MoveNext
09      Loop
10    rs.Close
11    Set rs = Nothing
12    Set db = Nothing
End Sub
```

Anschließend werden die Datensätze in einer *Do-While*-Schleife durchlaufen (Zeile 04). Die Feldinhalte werden in der entsprechenden Sortierung im Direktfenster ausgegeben (Zeile 07).

Beschreibung

Typen Dynaset und Snapshot

Zum Sortieren und Filtern eines Recordsets vom Typ *Dynaset* oder *Snapshot* stehen die Methoden *Sort* und *Filter* zur Verfügung.

Die Sortierung eines solchen Recordsets mit Hilfe der Methode *Sort* muss nach einem ganz bestimmten Schema erfolgen, das Sie anhand des folgenden kommentierten Beispiels leicht nachvollziehen können:

Information

Beispiel

```
Public Sub RsSortDynaset()
01    Dim db As DAO.Database
02    Dim rs As DAO.Recordset
03    Dim rsSort As DAO.Recordset
04    Set db = CurrentDb
05    Set rs = db.OpenRecordset("tblArtikel", dbOpenDynaset)
06    rs.Sort = "Artikelname ASC"
07    Set rsSort = rs.OpenRecordset(dbOpenDynaset)
08      With rsSort
        ' Verarbeitung
09      End With
10    rsSort.Close
11    rs.Close
12    Set rsSort = Nothing
13    Set rs = Nothing
14    Set db = Nothing
End Sub
```

Beschreibung   ■ Erstellung eines Grundlagen-Recordsets

In Zeile 05 wird ein Recordset vom Typ *Dynaset* geöffnet.

■ Festlegung einer Sortieranweisung

Die Sortieranweisung in Zeile 06 ist die *ORDER-BY*-Klausel einer SQL-Anweisung ohne das Schlüsselwort *ORDER BY*, die das Recordset aufsteigend nach dem Feld *Artikelname* sortiert. Diese wird der Methode *Sort* des *Recordset*-Objekts zugewiesen.

■ Erstellung eines neuen Recordsets, das auf dem Grundlagen-Recordset und der Sortierung basiert.

In Zeile 07 wird das neue Recordset *rsSort* auf der Grundlage des bereits bestehenden Recordsets erstellt. Dabei wird die Sortieranweisung aus Zeile 06 mit übergeben.

Anschließend kann das neue Recordset ver- oder bearbeitet werden, was durch die *With*-Anweisung in Zeile 08 angedeutet wird. Selbstverständlich müssen auch beide Recordsets geschlossen (Zeilen 10 und 11) und ihre Objektvariablen freigegeben werden (Zeilen 12 und 13).

Filtern

Anstelle der Methode *Sort* können Sie auch die Methode *Filter* des *Recordset*-Objekts zur Einschränkung der zurückgegeben Datensätze verwenden. Das grundsätzliche Schema ist bei der Anwendung der Methode *Filter* genau dasselbe wie bei dem vorherigen Beispiel: Sie erstellen ein Grundlagen-Recordset und anschließend ein neues Recordset, das auf dem Grundlagen-Recordset und der Filterbedingung basiert.

Information

Die Filterbedingung ist die *WHERE*-Klausel einer SQL-Anweisung ohne das Schlüsselwort *WHERE*. Für die Abwandlung des vorherigen Beispiels lautete sie *"Artikelname Like '*fish*'"*. Die Datensatzgruppe wird also auf diejenigen Datensätze beschränkt, bei denen im Feld *Artikelname* das englische Wort für Fisch vorkommt.

Beispiel

Der abgewandelte Quellcode des letzten Beispiels schaut im Auszug wie folgt aus:

```
...
  Set rs = db.OpenRecordset("tblArtikel", dbOpenDynaset)
  'Filterbedingung
  rs.Filter = "Artikelname Like '*fish*'"
'Gefiltertes Recordset
  Set rsFilter = rs.OpenRecordset(dbOpenDynaset)
    With rsFilter
    ' Verarbeitung
    End With
...
```

Recordset durchsuchen

Auch bei der Suche nach einem bestimmten Datensatz innerhalb eines Recordsets muss grundsätzlich zwischen *Record-set*-Objekten des Typs *Table* und *Dynaset* beziehungsweise *Snapshot* unterschieden werden. In Recordsets der Typen *Dynaset* und *Snapshot* können Sie mit Hilfe der *Find*-Methoden nach Datensätzen suchen.

Die Find-Methoden

Die *Find*-Methoden suchen nach dem ersten (letzten, nächsten, vorherigen) Datensatz, der den Kriterien entspricht. Falls ein solcher Datensatz gefunden wird, wird dieser der aktuelle Datensatz.

Syntax

Die allgemeine Syntax der *Find*-Methoden lautet:

```
Recordset.FindFirst Kriterien
Recordset.FindLast Kriterien
Recordset.FindNext Kriterien
Recordset.FindPrevious Kriterien
```

Das Argument *Kriterien* ist wieder die *WHERE*-Klausel einer SQL-Anweisung ohne das Schlüsselwort *WHERE*.

Zeichenketten

Bei der Angabe solcher Bedingungen im VBA-Code müssen oftmals innerhalb der Bedingungen Zeichenketten verwendet werden – beispielsweise *Nudeln*. Wenn Zeichenketten in eine andere Zeichenkette eingebettet sind, dürfen sie nicht von normalen Anführungszeichen " ", sondern sie müssen von einfachen Anführungszeichen ' ' eingeschlossen werden.

Alternativ dazu können Sie anstelle der einfachen Anführungszeichen auch je ein doppeltes Anführungszeichen verwenden. Die beiden folgenden Anweisungen sind also beide gültig:

```
rs.FindFirst "Kategorie = 'Nudeln'"
rs.FindFirst "Kategorie = "Nudeln""
```

Zur Arbeitsweise der *Find*-Methoden:

FindFirst und FindLast

Die Methoden *FindFirst* und *FindLast* suchen – unabhängig von der aktuellen Position des Datensatzzeigers – immer den ersten bzw. letzten Datensatz des Recordsets, der den übergebenen Kriterien entspricht. Falls ein Datensatz gefunden wird, wird der Datensatzzeiger auf dem betreffenden Datensatz positioniert.

Die Methoden *FindNext* und *FindPrevious* dagegen suchen relativ zum aktuellen Datensatz den nächsten bzw. vorhergehenden Datensatz, der den übergebenen Kriterien entspricht. Somit können Sie beliebig viele Datensätze eines Recordsets, die den Kriterien entsprechen, suchen und zum aktuellen Datensatz machen.

FindNext und FindPrevious

Ein Hilfsmittel zu einer solchen Suche ist – Sie ahnen es mit Sicherheit bereits – die Verwendung einer Schleife. Doch das ist an dieser Stelle nicht das Thema. Hier geht es vielmehr um die Frage, ob eine Suche erfolgreich war.

Diese Frage beantwortet die *NoMatch*-Eigenschaft des durchlaufenen *Recordset*-Objekts. Falls kein Datensatz gefunden werden, besitzt diese Eigenschaft den Wert *True*. Anderenfalls – ein Datensatz wurde gefunden – hat die Eigenschaft den Wert *False*. Anders herum wäre es leichter zu merken, aber schließlich heißt die Eigenschaft ja auch *NoMatch* und nicht *Match*.

NoMatch

Damit haben wir dann auch eine passende Abbruchbedingung für die eben erwähnte Schleife. Fehlt also nur noch ein Beispiel.

Das folgende Beispiel sucht in der Tabelle *tblArtikel* nach der Kategorie *Nudeln* und gibt dieses Feld zusammen mit dem Artikelnamen im Direktfenster aus:

Beispiel

```
Public Sub RsSucheFind()
01    Dim db As DAO.Database
02    Dim rs As DAO.Recordset
03    Dim strKriterium As String
04    Set db = CurrentDb
05    Set rs = db.OpenRecordset("tblArtikel", dbOpenDynaset)
06    strKriterium = "Kategorie = 'Nudeln'"
07    rs.FindFirst strKriterium
08      Do While rs.NoMatch = False
09        Debug.Print rs!Kategorie _
      & " " & rs!Artikelname
10        rs.FindNext strKriterium
11      Loop
12    rs.Close
```

```
13    Set rs = Nothing
14    Set db = Nothing
End Sub
```

Das Suchkriterium wird einer String-Variablen zugewiesen, weil dies im Code einfacher zu handhaben ist (Zeile 06). Dann wird mit der *FindFirst*-Methode zunächst der erste Datensatz gesucht, der dem Suchkriterium entspricht (Zeile 07). Die folgende *Do-While...Loop*-Schleife tritt aufgrund der Abbruchbedingung, die die *NoMatch*-Eigenschaft in Zeile 08 zurückgibt, nur dann in Aktion, wenn die erste Suche erfolgreich war.

Innerhalb der Schleife werden Kategorie und Artikelname des gefundenen Datensatzes im Direktfenster ausgegeben (Zeile 09). Anschließend wird mit der *FindNext*-Methode der nächste passende Datensatz gesucht. Vor dem Schleifeneintritt wird dann wieder die Abbruchbedingung überprüft und entsprechend verzweigt: erneuter Schleifendurchlauf oder Ende der Prozedur.

Lesezeichen in Recordset

Information Die Eigenschaft *Bookmark* erlaubt es Ihnen, zur Kennzeichnung eines bestimmten Datensatzes in einem Recordset Lesezeichen zu setzen und diese anschließend wieder zu lesen. Dadurch kann ein bestimmter Datensatz markiert und anschließend bei Bedarf ohne großen Aufwand wieder zum aktuellen Datensatz gemacht werden.

Die Eigenschaft *Bookmark* wird in einer Variablen vom Datentyp *Variant* gespeichert und oftmals in Verbindung mit den Methoden *Move* und *Find* benutzt. Sie kann in allen Recordset-Typen verwendet werden.

Beispiel Zur *Bookmark*-Eigenschaft nun das folgende einfache Beispiel, in dem zunächst ein Lesezeichen markiert und anschließend zu diesem Lesezeichen zurückgesprungen wird:

Lernen 8: Datenzugriff unter VBA

```
Public Sub RsBookmark()
01    Dim db As DAO.Database
02    Dim rs As DAO.Recordset
03    Dim varBookmark As Variant
04    Set db = CurrentDb
05    Set rs = db.OpenRecordset("tblArtikel", dbOpenTable)
      'Lesezeichen anlegen
06        varBookmark = rs.Bookmark
      'zum letzten Datensatz
07        rs.MoveLast
      'wieder zurück zum Lesezeichen
08        rs.Bookmark = varBookmark
09    rs.Close
10    Set rs = Nothing
11    Set db = Nothing
End Sub
```

Die Variable für das Lesezeichen wird in Zeile 03 deklariert. **Beschreibung** Nach dem Öffnen des Recordsets wird der aktuelle erste Datensatz mit einem Lesezeichen markiert (Zeile 06). Anschließend wird der Datensatzzeiger mit der Methode *MoveLast* auf den letzten Datensatz positioniert (Zeile 07). Die Anweisung in Zeile 08 bewegt den Datensatzzeiger wieder zurück zum Lesezeichen.

DAO-Recordsets bearbeiten

Navigation in und Suchen von DAO-Recordsets sind zwar wichtige, aber letztlich nur vorbereitende beziehungsweise begleitende Methoden. Die eigentlichen Bearbeitungsmethoden sind jedoch das Ändern, Anlegen und Löschen von Datensätzen.

Diese lernen Sie in diesem Abschnitt detailliert kennen.

Datensätze ändern

Zum Ändern von Datensätzen stehen bei Recordsets der Typen *Table* und *Dynaset* die beiden Methoden *Edit* und *Update* zur Verfügung, die nacheinander ausgeführt werden müssen.

Edit

Die Methode *Edit* kopiert den aktuellen Datensatz in einen internen Zwischenspeicher. Dort können die gewünschten Änderungen an dem Datensatz vorgenommen werden.

Update

Diese Änderungen werden anschließend durch den Aufruf der Methode *Update* gespeichert. Solange Sie nicht ausdrücklich zu einem anderen Datensatz wechseln, bleibt der mit *Edit* bearbeitete Datensatz auch der aktuelle Datensatz.

Da an *Snapshots* keine Änderungen vorgenommen werden können, stehen die Methoden *Edit* und *Update* für diesen Recordset-Typ auch nicht zur Verfügung.

Beispiel

Das folgende Beispiel sucht in der Tabelle *tblArtikel* alle Artikel der Kategorie *Nudeln* und ändert den Wert des Feldes *Auslaufartikel* in *True*.

Dieses Beispiel ist eine Abwandlung des Ihnen bereits bekannten Beispiels zur Suche mit der *Find*-Methode. Deswegen ist im folgenden Listing nur die Datensatzverarbeitung innerhalb der Schleife abgedruckt.

```
...
01    Do While rs.NoMatch = False
02        rs.Edit
03            rs!Auslaufartikel = True
04        rs.Update
05        rs.FindNext strKriterium
06    Loop
...
```

In Zeile 02 wird der Datensatz zur Bearbeitung in den Zwischenspeicher kopiert. Der Änderung der Feldwertes wird in Zeile 03 vorgenommen, und in Zeile 04 werden die Änderungen mit der *Update*-Methode gespeichert.

> Wenn Sie vor der Ausführung der *Update*-Methode den Datensatz wechseln, gehen die Änderungen verloren.

Sie erkennen an diesem Beispiel, wie einfach es ist, in einer kleinen Prozedur eine große Menge von Datensätzen anhand eines bestimmten Kriteriums auf einen Rutsch zu ändern.

Datensätze anlegen

Zum Anlegen von Datensätzen stehen bei Recordsets der Typen *Table* und *Dynaset* die beiden Methoden *AddNew* und *Update* zur Verfügung, die ebenfalls nacheinander ausgeführt werden müssen.

Die Methode *AddNew* legt den neuen Datensatz im Zwischenspeicher an.

Der neue Datensatz wird anschließend durch den Aufruf der Methode *Update* gespeichert.

Das folgende Beispiel legt in der Tabelle *tblArtikel* einen neuen Datensatz mit Werten für drei Felder an:

```
Public Sub RsAddNewUpdate()
01      Dim db As DAO.Database
02      Dim rs As DAO.Recordset
03      Set db = CurrentDb
04      Set rs = db.OpenRecordset("tblArtikel", dbOpenDynaset)
05      With rs
06          .AddNew
07              !Produktcode = "NWTB-39"
08              !Artikelname = "Light Beer"
```

```
09            !Kategorie = "Getränke"
10            .Update
11        End With
12        rs.Close
13        Set rs = Nothing
14        Set db = Nothing
End Sub
```

Beschreibung   Die eigentliche Verarbeitung findet innerhalb der *With*-Anweisung (Zeilen 05 bis 11) statt. Die Methode *AddNew* legt in Zeile 06 den neuen Datensatz im Zwischenspeicher an. Dann werden drei Feldern die neuen Werte zugewiesen (Zeilen 07 bis 09). Anschließend wird in Zeile 11 die Methode *Update* ausgeführt.

> Auch beim Anlegen von Datensätzen gilt: Wenn Sie vor der Ausführung der *Update*-Methode den Datensatz wechseln, gehen die Änderungen verloren.

Datensätze löschen

Die letzte Bearbeitungsmethode ist das Löschen von Datensätzen. Dazu verwenden Sie die Methode *Delete*. Die Anwendung dieser Methode wirkt sich allerdings bei Recordsets der Typen *Table* und *Dynaset* unterschiedlich aus:

■ *Table*-Recordset

Die Methode *Delete* entfernt den Datensatz aus der Datensatzgruppe. Dadurch wird aber der Datensatzzeiger ungültig. Vor weiteren Zugriffen auf Datensätze müssen Sie also einen anderen Datensatz zum aktuellen Datensatz machen, indem Sie beispielsweise die Methode *MoveNext* oder *MovePrevious* ausführen.

■ *Dynaset*-Recordset

Die Methode *Delete* markiert den Datensatz lediglich als gelöscht. Dabei bleibt der Datensatzzeiger aber weiterhin auf diesem »Datensatz« stehen. Jeder weitere Zugriff auf diesen als gelöscht markierten Datensatz würde einen Laufzeitfehler auslösen. Deswegen sollten Sie ebenfalls den Datensatzzeiger mit der Methode *MoveNext* oder *MovePrevious* auf einen anderen Datensatz positionieren.

Sobald der Datensatzzeiger den als gelöscht markierten Datensatz verlässt, wird dieser endgültig gelöscht.

Das folgende Beispiel löscht den im letzten Beispiel angelegten Datensatz in der Tabelle *tblArtikel*. Da sich der VBA-Code lediglich durch die Verarbeitung in der *With*-Anweisung unterscheidet, ist auch das abgedruckte Listing auf diesen Bereich beschränkt: **Beispiel**

```
...
01      With rs
02         .FindFirst "Artikelname = 'Light Beer'"
03            If Not .NoMatch Then
04               .Delete
05               .MoveNext
06            End If
07      End With
...
```

Zunächst wird der betreffende Datensatz in Zeile 02 mit der *FindFirst*-Methode gesucht. Falls die *NoMatch*-Eigenschaft in Zeile 03 den Wert *True* hat, wird der Datensatz in Zeile 04 zum Löschen markiert. Die in Zeile 05 folgende Methode *MoveNext* bewegt den Datensatzzeiger von diesem Datensatz weg und löscht ihn dadurch endgültig. **Beschreibung**

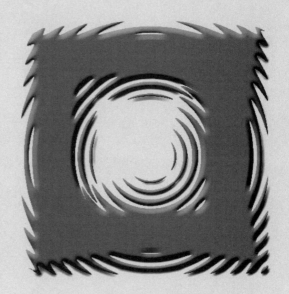

Teil II: Üben

Ü1 Übungen zu Kapitel L1

1 Wo stellen Sie in Access 2007 die Startoptionen für die aktuelle Datenbank ein?

Die Startoptionen für die aktuelle Datenbank können im Bereich *Aktuelle Datenbank* des Dialogfelds *Access-Optionen* festgelegt werden.

2 Wie ändern Sie in Access 2007 den Standarddatenbankordner?

Rufen Sie das Dialogfeld *Access-Optionen* auf und klicken Sie im Bereich *Häufig verwendet* im Abschnitt *Datenbanken erstellen* auf die Schaltfläche *Durchsuchen*. Wählen Sie im Dialogfeld *Standarddatenbankpfad* den gewünschten Ordner aus und klicken Sie dort auf die Schaltfläche *OK*. Schließen Sie anschließend noch das Dialogfeld *Access-Optionen* ebenfalls mit *OK*.

3 Wie ändern Sie in Access 2007 die Standardansicht für Datenbankobjekte?

Rufen Sie das Dialogfeld *Access-Optionen* auf und aktiveren Sie dort den Bereich *Aktuelle Datenbank*. Wählen Sie im Abschnitt *Anwendungsoptionen* unter *Dokumentfensteroptionen* eine Option aus. Schließen Sie anschließend das Dialogfeld *Access-Optionen* mit *OK*.

4 Was ist der Unterschied zwischen einem eigenständigen und einem eingebetteten Makro?

Eigenständige Makros liegen als Objekte im Navigationsbereich vor, von wo aus sie ausgeführt oder bearbeitet werden können.

Eingebettete Makros dagegen sind fest mit den Ereigniseigenschaften von Formularen, Berichten und den darauf enthaltenen Steuerelementen verknüpft. Sie liegen nicht als Objekte im Navigationsbereich vor.

5 **Was ist kennzeichnend für ein AutoExec-Makro?**

Ein AutoExec-Makro wird automatisch beim Öffnen der Datenbank ausgeführt.

6 **Wozu können Sie ein AutoExec-Makro verwenden?**

Mit einem AutoExec-Makro können Sie beispielsweise:

- einen Startbildschirm anzeigen,

- die Tabelleneinbindung zu BackEnd-Tabellen überprüfen
  lassen,

- ein bestimmtes Formular öffnen,

- eine Meldung anzeigen.

7 **Erstellen Sie in einem Formular ein eingebettetes Makro,
das über eine Schaltfläche aufgerufen wird. Als Ergebnis
soll das Formular minimiert werden.**

1 Öffnen Sie ein vorhandenes Formular in der Entwurfsansicht
oder erstellen Sie ein neues.

2 Klicken Sie auf dem Register *Entwurf* im Bereich *Steuerelemente* auf den Befehl *Schaltfläche* und ziehen Sie die
Schaltfläche im Formularfuß auf.

3 Wählen Sie dann aus dem Kontextmenü den Befehl *Eigenschaften* aus.

Das Dialogfeld *Eigenschaftenblatt* wird angezeigt. Geben Sie
dort der Schaltfläche einen Namen und eine passende
Beschriftung. Vorschläge dazu: *btnMinimize* und *Minimieren*.

4 Klicken Sie auf die kleine Schaltfläche mit den drei Punkten
rechts neben dem Listenfeld *Beim Klicken*.

Das Dialogfeld *Generator auswählen* wird angezeigt.

5 Markieren Sie im Listenfeld den Eintrag *Makro-Generator*
und klicken Sie auf die Schaltfläche *OK*.

Das Makrofenster wird in der Entwurfsansicht angezeigt.

Abb. Ü1.1: Makro in der Entwurfsansicht

6 Wählen Sie im Listenfeld *Aktion* den Befehl *Minimieren* aus.

7 Klicken Sie danach auf dem Register *Entwurf* auf die Schaltfläche *Schließen*, um das Makrofenster zu schließen.

8 Beantworten Sie die folgende Sicherheitsabfrage mit einem Klick auf die Schaltfläche *Ja*.

Damit kehren Sie zu Ihrem Formular in der Entwurfsansicht zurück.

9 Klicken Sie in der Schnellstartleiste auf das Symbol *Speichern*, um die Änderungen am Formular zu speichern.

10 Wählen Sie dann über *Formular* aus dem Kontextmenü den Befehl *Formularansicht* aus.

Sie haben das fertige Formular mit der neuen Schaltfläche vor sich.

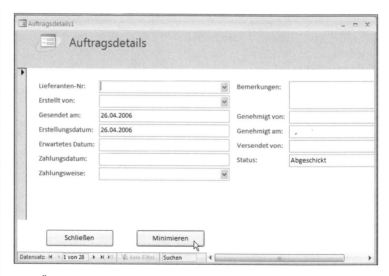

Abb. Ü1.2: Die neue Schaltfläche im Formular

11 Klicken Sie auf die Schaltfläche und probieren Sie Ihr Makro aus.

8 Konvertieren Sie ein Makro zu Visual Basic.

1 Markieren Sie das Makro, das konvertiert werden soll, im Navigationsbereich und aktivieren Sie dann das Register *Datenbanktools*.

2 Klicken Sie dort im Bereich *Makro* auf die Schaltfläche *Makros zu Visual Basic konvertieren*.

Anschließend wird das Dialogfeld *Konvertiere Makro* angezeigt.

3 Lassen Sie dort die beiden Kontrollkästchen *Fehlerbehandlung zu generierter Funktion hinzufügen* und *Makrokommentare einbeziehen* aktiviert und klicken Sie auf die Schaltfläche *Konvertieren*.

Über die erfolgreiche Konvertierung des Makros werden Sie durch ein Dialogfeld informiert. Anschließend haben Sie den VBA-Editor vor sich.

4 Wählen Sie aus dem Menü *Datei* des VBA-Editors den Befehl *Schließen und zurück zu Microsoft Office Access* aus.

9 **Erstellen Sie ein Makro, das beim Öffnen der Datenbank ein Formular öffnet.**

1 Aktivieren Sie das Register *Entwurf* in der Multifunktionsleiste.

2 Klicken Sie im Bereich *Andere* auf die Schaltfläche *Makro*.

Das Makrofenster wird in der Entwurfsansicht geöffnet.

Abb. Ü1.3: AutoExec-Makro in der Entwurfsansicht

3 Wählen Sie im Listenfeld *Aktion* den Befehl *ÖffnenFormular* aus.

4 Wählen Sie dann unten im Bereich *Aktionsargumente* im Listenfeld *Formularname* das gewünschte Formular aus.

Die Einstellungen der Eigenschaften *Ansicht* und *Fenstermodus* hängen vom jeweiligen Verwendungszweck des Formulars ab.

5 Speichern Sie das Makro unter dem Namen *AutoExec* und schließen Sie das Entwurfsfenster.

Ü2 Übungen zu Kapitel L2

1 **Nennen Sie drei wesentliche Merkmale der Programmiersprache VBA.**

VBA gehört zu den sogenannten prozeduralen Programmiersprachen und ist zusätzlich auch noch objektorientiert. Mit VBA können Sie anwendungsübergreifend programmieren.

2 **Wie heißt der Oberbegriff zu Funktionen und Sub-Prozeduren?**

Der Oberbegriff zu Funktionen und Sub-Prozeduren ist Prozeduren.

3 **Was ist der grundsätzliche Unterschied zwischen Funktionen und Sub-Prozeduren?**

Funktionen können einen Wert zurückgeben, Sub-Prozeduren dagegen nicht.

4 **Ist der Prozedurname *Flesh&Blood* zulässig?**

Nein, das Zeichen & ist in einem Prozedurnamen nicht zulässig.

5 **Ist der Prozedurname *Flesh_Blood* zulässig?**

Ja, das Zeichen _ ist in einem Prozedurnamen zulässig.

6 **Ist der Prozedurname *TableName* zulässig?**

Ja, der Prozedurname *TableName* ist zulässig.

7 **Wechseln Sie von Access aus zum VBA-Editor und blenden Sie dort das Direktfenster ein.**

1 Drücken Sie in Access die Tasten [Alt] + [F11].

2 Wählen Sie aus dem Menü *Ansicht* des VBA-Editors den Befehl *Direktfenster* aus oder drücken Sie die Tasten [Strg] + [G].

---

8 | Ändern Sie im VBA-Editor die Tab-Schrittweite auf 4 Zeichen.

1 Wählen Sie aus dem Menü *Extras* den Befehl *Optionen* aus.

Das Dialogfeld *Optionen* wird angezeigt.

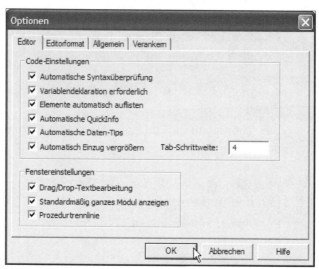

Abb. Ü2.1: Änderung der Tab-Schrittweite

2 Markieren Sie auf dem Register *Editor* den Eintrag im Feld *Tab-Schrittweite* und tippen Sie dort eine 4 ein.

3 Schließen Sie das Dialogfeld *Optionen* mit einem Klick auf die Schaltfläche *OK*.

9 | Was erzwingt die Deklaration von Variablen?

Die Variablendeklaration wird durch die Anweisung *Option Explicit* im Deklarationsbereich eines Moduls erzwungen.

---

10 **Schützen Sie im VBA-Editor Ihren Programmcode durch ein Kennwort vor unberechtigtem Zugriff.**

1 Wählen Sie aus dem Menü *Extras* den Befehl *Eigenschaften von [Projektname]* aus.

Das Dialogfeld *Projekteigenschaften* wird angezeigt.

2 Aktivieren Sie das Register *Schutz*.

3 Markieren Sie das Kontrollkästchen *Projekt für Anzeige sperren.*

4 Tippen Sie in das Feld *Kennwort* Ihr Kennwort ein.

5 Wiederholen Sie diese Eingabe im Feld *Kennwort bestätigen.*

6 Schließen Sie das Dialogfeld *Projekteigenschaften* mit einem Klick auf die Schaltfläche *OK*.

7 Beenden Sie mit dem Menübefehl *Datei / Schließen und zurück zu Microsoft Office Access* den VBA-Editor.

8 Schließen Sie die aktuelle Datenbank.

Ü3 Übungen zu Kapitel L3

1 **Erstellen Sie im VBA-Editor ein neues Modul und speichern Sie es unter dem Namen *basNeuesModul* ab.**

1 Öffnen Sie das Menü *Einfügen* und wählen Sie dort den Befehl *Modul* aus.

2 Klicken Sie auf das Symbol *Speichern* in der Symbolleiste oder drücken Sie die Tasten ⌷Strg⌷ + ⌷S⌷.

3 Tippen Sie im folgenden Dialogfeld *Speichern unter* in das Feld *Modulname* `basNeuesModul` und klicken Sie auf die Schaltfläche *OK*.

2 **Geben Sie im Direktfenster das aktuelle Datum aus. Die passende VBA-Funktion dafür heißt *Date()*.**

1 Setzen Sie den Cursor in das Direktfenster und tippen Sie dort `print Date` ein.

2 Drücken Sie anschließend die Taste ⌷←⌷.

Abb. Ü3.1: Ergebnis der Funktion *Date*

3 **Wie können Sie mehr als eine Anweisung in einer Zeile codieren?**

Bei mehr als einer Anweisung in einer Zeile müssen die einzelnen Anweisungen durch einen Doppelpunkt : voneinander getrennt werden.

4 **Wie erkennen Sie Kompilierfehler schon vor der Ausführung der Prozedur?**

Sie müssen die Prozedur vor der Ausführung mit dem Menübefehl *Debuggen / Kompilieren* kompilieren.

5 Fügen Sie einem Formular im Formularfuß eine Befehls-schaltfläche hinzu. Bei einem Klick auf diese Schaltfläche soll das Formular mit Hilfe einer Ereignisprozedur geschlossen werden. Die passende VBA-Anweisung zum Schließen des Formulars ist *DoCmd.Close acForm, Me.Name.* Kopieren Sie diese Anweisung nicht in das Codefenster hinein, sondern lassen Sie sich beim Eintippen des Codes so viel als möglich vom VBA-Editor unterstützen.

1 Öffnen Sie das betreffende Formular in der Entwurfsansicht und fügen Sie in den Formularfuß eine Befehlsschaltfläche ein.

2 Wählen Sie dann aus dem Kontextmenü den Befehl *Eigenschaften* aus.

Das Dialogfeld *Eigenschaftenblatt* wird angezeigt. Vergeben Sie für die Eigenschaften *Name* und *Beschriftung* die Werte *btnClose* und *Schließen*.

3 Aktivieren Sie dann Register *Ereignis* und öffnen Sie das Listenfeld *Nach Aktualisierung*.

4 Wählen Sie dort den Eintrag *[Ereignisprozedur]* aus und klicken Sie anschließend auf die kleine Schaltfläche mit den drei Punkten rechts neben dem Listenfeld.

Abb. Ü3.2: Das Listenfeld *Beim Klicken*

Daraufhin wird der VBA-Editor mit einem leeren Modul geöffnet. Der Prozedurrumpf für die Ereignisprozedur *Private Sub btnClose_OnClick()* ist bereits fertig erstellt.

5 Tippen Sie in den Prozedurrumpf `DoCmd.` ein.

Nach dem Punkt klappt ein Listenfeld auf, in dem die Methoden für den *DoCmd*-Befehl angezeigt werden.

Abb. Ü3.3:   Methodenliste

6 Markieren Sie die Methode *Close*.

Wenn Sie beginnen, die Anfangsbuchstaben einzutippen, verändert sich die Anzeige im Listenfeld entsprechend der eingetippten Buchstaben.

7 Drücken Sie dann die Taste ⇥ und anschließend die Taste Leer .

Daraufhin klappt ein weiteres Listenfeld auf, in dem verschiedene Objekte aufgelistet werden. Gleichzeitig werden Ihnen die zur Verfügung stehenden Argumente angezeigt.

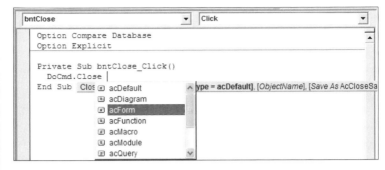

Abb. Ü3.4: Objektliste

8 Wählen Sie das Objekt *acForm* aus und drücken Sie dann die Taste ⇥.

9 Tippen Sie dann , Me. ein.

Das Schlüsselwort Me steht für das Formular-Objekt.

Nach dem Punkt klappt noch ein Listenfeld auf. Dort werden die Eigenschaften des *Formular*-Objekts aufgelistet.

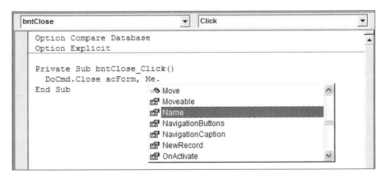

Abb. Ü3.5: Eigenschaftenliste

10 Wählen Sie die Eigenschaft *Name* aus und drücken Sie die Taste ⇥.

Damit ist unsere Prozedur fertig.

11 Wählen Sie aus dem Menü *Debuggen* den Befehl *Kompilieren* aus.

---

12 Speichern Sie das Modul, indem Sie auf das Symbol *Speichern* in der Symbolleiste klicken oder die Tasten [Strg] + [S] drücken.

13 Schließen Sie mit den Tasten [Alt] + [Q] den VBA-Editor und kehren Sie zu Access zurück.

14 Wechseln Sie zur Formularansicht und testen Sie dann Ihre Prozedur.

6 **Wie ist der Geltungsbereich von *Public*-Prozeduren in Standardmodulen definiert?**

Public-Prozeduren in Standardmodulen können von jedem Bereich der Datenbankanwendung aus aufgerufen werden.

7 **Wie ist der Geltungsbereich von *Private*-Prozeduren in Standardmodulen definiert?**

Private-Prozeduren können grundsätzlich nur von Prozeduren aufgerufen werden, die sich im selben Modul befinden.

8 **Wie lautet der Aufruf der *Public*-Prozedur *TestFunktion*, die sich im Klassenmodul des Formulars *Adressenliste sortiert* befindet? Der Aufruf soll von einem anderen Formular aus erfolgen.**

Der Prozeduraufruf lautet *[Form_Adressenliste sortiert.TextFunktion]*.

9 **Was gilt grundsätzlich für den Aufruf von öffentlichen Funktionen?**

Öffentliche Funktionen können grundsätzlich von allen Access-Objekten aus, also beispielsweise auch von Formularen oder Berichten, aufgerufen werden.

10 Sie möchten die öffentliche Funktion *BeliebigeFunktion* von einem beliebigen Formularereignis ausführen lassen. Wie muss die Syntax für den Funktionsaufruf aussehen?

Der Funktionsname muss von einem Gleichheitszeichen angeführt und mit einem Klammernpaar abgeschlossen werden, also:

```
=BeliebigeFunktion()
```

Ü4 Übungen zu Kapitel L4

1 **Kommentieren Sie im VBA-Editor auf rationelle Art und Weise einen Codeblock aus.**

Zum rationellen Auskommentieren eines Codeblocks muss im VBA-Editor die Symbolleiste *Bearbeiten* angezeigt sein. Falls dies bei Ihnen nicht der Fall sein sollte, beginnen Sie mit Schritt *1*, anderenfalls mit Schritt *2*:

1 Wählen Sie aus dem Menü *Ansicht* den Befehl *Symbolleisten / Bearbeiten* aus.

2 Markieren Sie mit der Maus den Codebereich, den Sie auskommentieren möchten.

3 Klicken Sie dann in der Symbolleiste *Bearbeiten* auf das Symbol *Block auskommentieren*.

2 **Welche grundsätzliche Bedeutung haben die unterschiedlichen Datentypen in VBA?**

Die unterschiedlichen Datentypen in VBA stellen die Struktur für die Darstellung von Variablen und Konstanten zur Verfügung.

3 **Ist die Verwendung der Datentypen *Single* oder *Double* für kaufmännische Berechnungen zu empfehlen?**

Nein, bei den Datentypen *Single* und *Double* können Rundungsfehler auftreten. Bei kaufmännischen Berechnungen ist die Verwendung des Datentyps *Currency* sinnvoller.

4 **In welcher Form müssen Sie bei der Programmierung mit VBA das Datum 20.04.2007 angeben?**

Das Datum muss in der US-amerikanischen Form, eingeschlossen von Leiterzeichen, angegeben werden, also #4/20/2007#.

5 **Was ist für den Datentyp Variant kennzeichnend?**

Der Datentyp *Variant* ist ein universeller Datentyp ohne feste
Typisierung. Er kann numerische Daten, Zeichenfolgendaten,
Datums-/Uhrzeitangaben sowie die Werte *Null* oder *Leer* ent-
halten.

6 **Deklarieren Sie explizit die Variable *Nachname* zur Aufnahme einer Zeichenkette inklusive Typisierung.**

Die explizite Deklaration inklusive Typisierung lautet:

```
Dim strNachname As String
```

7 **Deklarieren Sie eine öffentliche Variable zur Aufnahme
von Ganzzahlen.**

1 Öffnen Sie ein Standardmodul.

2 Tippen Sie im Deklarationsbereich den folgenden Code ein:

```
Public lngVariablenName As Long
```

Da über den Wertebereich der Ganzzahl nichts gesagt wurde,
können Sie bei Verwendung des Datentyps *Long* nichts falsch
machen.

3 Kompilieren und speichern Sie das Modul.

Abb. Ü4.1: Variablendeklaration

8 Tippen Sie den unten stehenden VBA-Code in den VBA-Editor ein und finden Sie den Fehler in dem Programm.

```
Sub Aufgabe()
01      Const Einheit = 10
02      Const Zentimeter = 4
03      Dim intMillimeter As Integer
04      intMillimeter = Zentimeter * Einheit
05      Zentimeter = 5
06      intMillimeter = Zentimeter * Einheit
End Sub
```

Der Fehler liegt in Zeile 05: Einer Konstanten kann kein Wert zugewiesen werden.

9 Nennen Sie einige Beispiele, wozu Sie den Wert eines Ausdrucks in Access beziehungsweise VBA verwenden können.

Sie können den Wert eines Ausdrucks unter anderem einer Variablen zuweisen, als Text oder Wert einem Steuerelement zuweisen, mit Hilfe einer Datensatzoperation in eine Tabelle schreiben, als Parameter an eine Prozedur oder Abfrage übergeben oder in einem Meldungsfenster ausgeben.

10 Welches Ergebnis erhalten Sie immer bei der Anwendung von Vergleichsoperatoren?

Bei der Anwendung von Vergleichsoperatoren erhalten Sie immer einen logischen Ausdruck, der entweder *True* oder *False* ist.

11 Geben Sie den Ausdruck ? "S" Like "[!S-Z]" im Direktbereich ein. Wie ist das Ergebnis und warum?

Das Ergebnis ist *False*, weil das Zeichen S nicht in dem Ausdruck vorkommen darf.

12 **Erstellen Sie einen Ausdruck, der bei der Ausführung im Direktbereich folgendes Ergebnis anzeigt: Flesh & Blood**

Das Ergebnis liefert folgenden Ausdruck zurück:

```
? "Flesh" & " " & "&" & " " & "Blood"
```

13 **Erstellen Sie den Rumpf einer Prozedur und übergeben Sie ihr zwei Integer- und einen String-Parameter.**

Die Prozedur sollte in etwa wie folgt aussehen:

```
Public Sub Aufgabe(intZahl1, intZahl2 As Integer, _
                    streichen As String
End Sub
```

Ü5 Übungen zu Kapitel L5

1 Was können Sie konkret durch den Einsatz von Kontroll-strukturen bewirken?

Mit Hilfe von Kontrollstrukturen können Sie den Programmab-lauf in Abhängigkeit vom Wert einer oder mehrerer Variablen steuern.

2 Was verstehen Sie unter einer Bedingung?

Eine Bedingung ist ein Ausdruck, der entweder den Wert *True* oder *False* zurückliefert.

3 Schreiben Sie eine VBA-Prozedur, die den Anwender zur Eingabe von zwei positiven Integer-Zahlen auffordert. Die größere der beiden eingegebenen Zahlen soll in einem Meldungsfenster ausgegeben werden. Realisieren Sie die Lösung mit Hilfe einer oder mehrerer *If*-Anweisungen.

Das Ergebnis sollte im Großen und Ganzen wie der Code in dem folgenden Listing ausschauen.

```
Sub AufgabeZahlenVergleich_If()
01      Dim intZahl_1 As Integer
02      Dim intZahl_2 As Integer
03      intZahl_1 = CInt(InputBox("Bitte geben Sie die
        erste ganze Zahl ein:"))
04      intZahl_2 = CInt(InputBox("Bitte geben Sie die
        zweite ganze Zahl ein:"))
05      If (intZahl_2 > intZahl_1) Then
06          MsgBox ("Die größere Zahl ist: " & intZahl_2)
07      ElseIf (intZahl_1 > intZahl_2) Then
08          MsgBox ("Die größere Zahl ist: " & intZahl_1)
09      Else
10          MsgBox (intZahl_1 & " ist gleich " & intZahl_2)
    End If
End Sub
```

In den Zeilen 01 und 02 werden die beiden benötigten Integer-Variablen deklariert. Die Benutzereingaben lesen die beiden *InputBox*-Funktionen in den Zeilen 03 und 04 ein. Weil die *InputBox*-Funktionen Zeichenketten zurückgeben, müssen die Eingaben mit der *CInt*-Funktion in Integer-Werte umgewandelt werden.

Die *If*-Anweisung in Zeile 05 vergleicht die erste Zahlenreihenfolge mit dem Vergleichsoperator >, die *ElseIf*-Anweisung in Zeile 07 vergleicht ebenso die zweite Zahlenreihenfolge. Im *True*-Fall wird jeweils ein entsprechendes Meldungsfenster angezeigt (Zeilen 06 und 08). Damit wäre die Aufgabe eigentlich schon gelöst.

Bei dieser Aufgabenstellung bietet es sich aber auch an, den Fall zu behandeln, wenn der Anwender zwei gleich große Zahlen eingibt. Stichwort: Benutzerfreundlichkeit.

Dies erledigt die *Else*-Anweisung in Zeile 09, die im *False*-Fall der beiden *If*- beziehungsweise *ElseIf*-Anweisungen zum Tragen kommt und ein entsprechend formuliertes Meldungsfenster anzeigt.

Abb. Ü5.1: Meldungsfenster

4 Wozu können Sie die *IIf*-Funktion verwenden?

Mit der *IIf*-Funktion können Sie einer Variablen in Abhängigkeit von einer bestimmten Bedingung den einen von zwei zur Verfügung stehenden Werten zuzuweisen.

5 Schreiben Sie eine VBA-Prozedur, die den Anwender zur Eingabe einer Integer-Zahlen zwischen 1 und 6 auffordert. Überprüfen Sie diese Eingabe auf ihre Richtigkeit. Wenn die Zahl in dem vorgegebenen Bereich liegt, soll die Zahl als Zeichenkette in einem Meldungsfenster angezeigt werden, also beispielsweise *drei*. Andernfalls soll der Anwender darüber informiert werden. Lösen Sie diese Aufgabe bitte nicht mit einer *If*-Anweisung.

Die Lösung dieser Aufgabe mit einer *If*-Anweisung wäre eine extrem verschachtelte Konstruktion. Hier ist die Verwendung einer *Select...Case*-Anweisung sinnvoller. Das Ergebnis sollte im Prinzip wie der Code in dem folgenden Listing ausschauen.

```
Sub AufgabeZahlenVergleich_SelectCase()
01      Dim intZahl As Integer
02      Dim strAusgabe As String
03      intZahl = CInt(InputBox("Bitte geben Sie eine ganze
        Zahl ein:"))
04        Select Case intZahl
05          Case 1
06            strAusgabe = "eins"
07          Case 2
08            strAusgabe = "zwei"
09          Case 3
10            strAusgabe = "drei"
11          Case 4
12            strAusgabe = "vier"
13          Case 5
14            strAusgabe = "fünf"
15          Case 6
16            strAusgabe = "sechs"
17          Case Else
18            strAusgabe = "Die Zahl liegt nicht im
              vorgegebenen" _
                        & "Bereich zwischen 1 und 6"
19        End Select
20      MsgBox (strAusgabe)
End Sub
```

In Zeile 04 überprüft die *Select*-Anweisung die eingegebenen Zahlen. Im *True*-Fall wird durch die *Case*-Anweisung der Variablen *strAusgabe* die entsprechende Zeichenkette zugewiesen, als beispielsweise *drei* (Zeile 10). Anschließend wird die Variable *strAusgabe* durch die *MsgBox*-Funktion ausgegeben (Zeile 20).

Wenn die *Select*-Anweisung den Wert *False* erhält, wird der *Else*-Zweig (Zeile 17) der Anweisung abgearbeitet. In Zeile 18 wird dann der Variablen *strAusgabe* die Benutzerinformation zugewiesen, die dann in Zeile 20 wie im anderen Fall ausgegeben wird.

6 Schreiben Sie eine VBA-Prozedur, die die Zahlen von 1 bis 9 in aufsteigender Reihenfolge im Direktfenster ausgibt.

Diese Aufgabe kann durch eine einfache *For...Next*-Schleife gelöst werden.

```
Sub AufgabenSchleifen_2()
    Dim intZaehler As Integer
    For intZaehler = 0 To 9
        Debug.Print intZaehler
    Next intZaehler
End Sub
```

Die Zählvariable *intZaehler* wird mit *0* initialisiert und nach jedem Schleifendurchlauf um den Wert *1* erhöht. Die Schleife wird so lange durchlaufen, wie die Zählvariable kleiner als *10* ist.

7 **Erklären Sie die Arbeitsweise der folgenden *Do...Loop*-Schleife:**

```
Sub AufgabeSchleifen_1()
01    Dim intZaehler As Integer
02    intZaehler = 6
03    Do
04        intZaehler = intZaehler + 1
05    Loop While (intZaehler >= 0)
End Sub
```

Bei dieser Schleife handelt es sich um eine Endlosschleife. Die Bedingung

```
intZaehler >= 0
```

in Zeile 05 ist immer erfüllt.

Ü6 Übungen zu Kapitel L6

1 Welche Fehlerarten können unter VBA auftreten?

Unter VBA können Syntaxfehler, Kompilierfehler, logische Fehler und Laufzeitfehler auftreten.

2 Nennen Sie einige typische Ursachen für Laufzeitfehler.

Typische Ursachen für Laufzeitfehler sind eine Division durch *0* oder die Verwendung von falschen Wertbereichen beziehungsweise Operatoren.

3 Was ist die Folge von logischen Fehlern?

Logische Fehler erzeugen eine fehlerhafte Ausgabe von Ergebnissen.

4 Aktivieren Sie in einer Prozedur einen Haltepunkt.

1 Setzen Sie den Cursor vor die Codezeile, an der die Programmausführung anhalten soll.

2 Wählen Sie aus dem Menü *Debuggen* den Befehl *Haltepunkt ein/aus* aus oder drücken Sie die Taste F9.

3 Setzen Sie den Cursor an den Anfang der Prozedur und starten Sie die Ausführung mit der Taste F5.

5 Was ist der Sinn und Zweck einer Fehlerbehandlungsroutine in Prozeduren?

Fehlerbehandlungsroutinen sollen:

■ verhindern, dass ein Programm unkontrolliert anhält oder abbricht;

■ den Anwender gezielt und verständlich über den aufgetretenen Fehler informieren;

■ in bestimmten Fällen in eine Alternative verzweigen.

6 **Tippen Sie folgende Prozedur ab und sorgen Sie dafür, dass ein auftretender Fehler ignoriert wird.**

```
Public Sub Schleife_2()
    Dim intZaehler As Integer
    For intZaehler = 0 To 9
        Debug.Print intZaehler
    Next intZaehler
End Sub
```

Fügen Sie direkt unter dem Prozedurkopf die Anweisung On Error Resume Next hinzu.

7 **Tippen Sie die folgende Prozedur ab und fügen Sie eine vollständige Fehlerbehandlungsroutine hinzu.**

```
Private Sub btnClose_Click()
    DoCmd.Close acForm, Me.Name
End Sub
```

Zu einer vollständigen Fehlerbehandlungsroutine gehört auch eine benutzerdefinierte Fehlermeldung. Die fertige Prozedur sollte wie folgt aussehen:

```
Private Sub btnClose_Click()
01  On Error GoTo btnClose_ClickErr
02      DoCmd.Close acForm, Me.Name
03  btnClose_ClickExit:
04      Exit Sub
05  btnClose_ClickErr:
06      MsgBox "Fehlercode " & Err.Number _
    & ": " & vbCrLf & Err.Description
07      Resume btnClose_ClickExit
End Sub
```

Die *On-Error*-Anweisung in Zeile 01 legt fest, dass bei einem auftretenden Laufzeitfehler die Sprungmarke *btnClose_ClickErr:* in Zeile 05 angesprungen werden soll. Anschließend wird der darauf folgende Code zur Fehlerbehandlung abgearbeitet. In einem Meldungsfenster werden die Fehlernummer und eine Beschreibung des Fehlers angezeigt. Danach verzweigt die

Prozedur zur Sprungmarke *btnClose_ClickExit:* in Zeile 03. Dort wird die Prozedur durch die Anweisung *Exit Sub* verlassen.

Falls kein Fehler auftritt, wird die Prozedur nach Abarbeitung des Programmcodes über die Anweisung *Exit Sub* in Zeile 04 verlassen, ohne den Code zur Fehlerbehandlung abzuarbeiten.

8 **Geben Sie in ein Formularfeld vom Datentyp *Byte* einen größeren Zahlenwert wie beispielsweise 1000 ein. Beim Speichern oder Datensatzwechsel wird dann die folgende Fehlermeldung angezeigt:**

Abb. Ü6.1: Fehlermeldung

9 **Ermitteln Sie den Fehlercode dieses Fehlers und zeigen Sie diese Angabe im Direktbereich an.**

1 Öffnen Sie das Formular in der Entwurfsansicht und zeigen Sie das Eigenschaftenblatt an.

2 Aktivieren Sie am besten für das Formular das Register *Ereignis* und wählen Sie für das Ereignis *Bei Fehler* den Eintrag *Ereignisprozedur* aus.

Das Codefenster für die Ereignisprozedur wird angezeigt.

3 Tippen Sie in den Prozedurrumpf die Anweisung `Debug.Print DataErr` ein.

4 Kompilieren und speichern Sie das Modul.

5 Wechseln Sie zu Formularansicht und geben Sie in das betreffende Feld wieder einen zu großen Zahlenwert ein.

6 Öffnen Sie das Klassenmodul des Formulars.

Im Direktbereich können Sie nun den Fehlercode ablesen – *2113*.

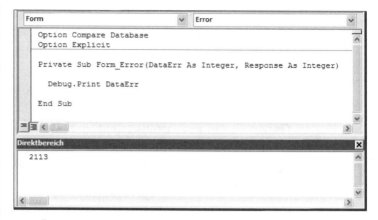

Abb. Ü6.2: Fehlercode im Direktbereich

7 Notieren Sie sich den Fehlercode, denn Sie benötigen ihn für die folgende Aufgabe.

10 **Schreiben Sie nun eine Fehlerbehandlungsroutine, die beim Auftreten dieses Fehlers dem Anwender den Fehlercode und die Fehlerbeschreibung anzeigt. Anschließend soll die Prozedur verlassen werden.**

Bei allen anderen Fehlern soll die Prozedur ebenfalls verlassen und die Standardfehlermeldung von Access angezeigt werden.

Die Fehlerbehandlungsroutine sollte wie in dem folgenden Listing ausschauen:

```
Private Sub Form_Error(DataErr As Integer, Response As
Integer)
01    If DataErr = 2113 Then
02        Response = acDataErrContinue
03        MsgBox "Dieser Wert passt nicht zum Datentypen!" _
      & vbCrLf & "Bitte geben Sie einen neuen Wert ein."
04    Else
05        Response = acDataErrDisplay
06    End If
End Sub
```

Die *If*-Anweisung in Zeile 01 wertet bei einem Fehler den Parameter *DataErr* aus. Falls es sich um den Fehler 2113 handelt, wird zunächst die Standardfehlermeldung ausgeschaltet (Zeile 02). Anschließend wird die benutzerdefinierte Fehlermeldung angezeigt (Zeile 03).

Falls die *If*-Anweisung den Wert *False* zurückliefert, wird die standardmäßige Fehlermeldung aktiviert (Zeile 06) und die Prozedur verlassen.

Bei einem anschließenden Test wird die soeben erstellte benutzerdefinierte Fehlermeldung angezeigt.

Abb. Ü6.3: Benutzerdefinierte Fehlermeldung

Ü7 Übungen zu Kapitel L7

1 **Wodurch sind Objekte unter Access gekennzeichnet?**

Jedes Objekt verfügt über Eigenschaften und Methoden. Außerdem reagiert es auf Ereignisse beziehungsweise kann Ereignisse auslösen.

2 **Welche Regeln müssen Sie bei der Bezeichnung von Objekten in Access beachten?**

Wenn das nachgestellte Element ein Access-Objekt ist, muss ein Punkt verwendet werden. Bei nachgestellten benutzerdefinierten Elementen muss dagegen ein Ausrufezeichen verwendet werden.

3 **Die Datenherkunft eines Formulars *frmFormular* soll aus dem Formular heraus aktualisiert werden. Welche korrekten Anweisungen erledigen diese Aufgabe?**

Zur Lösung dieser Aufgabe sind die folgenden beiden Anweisungen möglich:

```
Forms!frmFormular.Requery
Me.Requery
```

4 **Beim Öffnen eines Formulars soll der Fokus auf das Steuerelement *btnNeu* gesetzt werden. Erstellen Sie dafür eine Ereignisprozedur.**

Die Ereignisprozedur muss wie folgt ausschauen:

```
Private Sub Form_Open()
   Me!btnNeu.SetFocus
End Sub
```

5 **Welche Eigenschaftseinstellungen sollten Sie für ein reines Anzeigefeld in einem Formular vornehmen?**

Für ein reines Anzeigefeld sollten die Eigenschaften *Aktiviert* auf *Nein*, *Gesperrt* auf *Ja* und *In Reihenfolge* auf *Nein* eingestellt sein.

6 **Stellen Sie in einem Formular *frmGebTag* für das Steuerelement *txtBemerkung* per VBA die Eigenschaften *Aktiviert* auf *Ja* und *Gesperrt* auf *Nein* ein.**

Setzen Sie anschließend noch den Fokus auf dieses Steuerelement.

Sie lösen diese Aufgabe am sinnvollsten mit Hilfe einer *With*-Anweisung. Dann lautet der VBA-Code:

```
With Forms!frmGebTag!txtBemerkung
    .Enabled = True
    .Locked = False
    .SetFocus
End With
```

7 **Deklarieren Sie eine Objektvariable für den Bericht *repProdukte*. Schalten Sie dann mit Hilfe dieser Objektvariablen das Steuerelement *Produktcode* in diesem Bericht unsichtbar.**

Der VBA-Code der Lösung lautet:

```
Dim myReport As Report
Set myReport = Reports!repProdukte
myReport!Produktcode.Visible = False
```

8 **Erstellen Sie einen Verweis auf die Microsoft Word, Outlook oder Excel 12.0 Object Library. Falls keines dieser Programme auf Ihrem PC installiert sein sollte, dann erstellen Sie einen Verweis auf eine beliebige Bibliothek.**

1 Starten sie den VBA-Editor.

2 Wählen Sie dort aus dem Menü *Extras* den Befehl *Verweise* aus oder drücken Sie die Tasten Alt + X, V.

Das Dialogfeld *Verweise* wird angezeigt.

3 Markieren Sie im Listenfeld *Verfügbare Verweise* das Kontrollkästchen vor dem Eintrag *Microsoft Word 12.0 Object Library*.

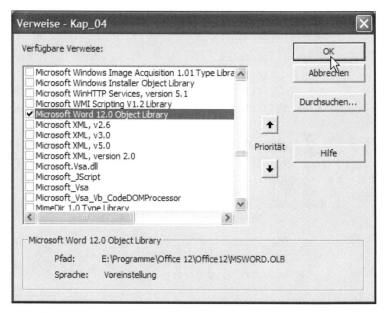

Abb. Ü7.1: Verweis erstellen

4 Klicken Sie anschließend auf die Schaltfläche *OK*, um das Dialogfeld *Verweise* zu schließen.

Ü8 Übungen zu Kapitel L8

1 Worin unterscheiden sich die Database-Objekt *TableDef* und *QueryDef?*

Das Objekt *TableDef* stellt die Definition einer lokalen oder eingebundenen Tabelle dar. Das Objekt *QueryDef* dagegen stellt die Definition einer gespeicherten Abfrage dar.

2 Erstellen Sie in VBA einen Verweis auf die aktuelle Datenbank.

In der vereinfachten Schreibweise schaut ein solcher Verweis wie folgt aus:

```
Dim db As Database
Set db = CurrentDb
```

3 Erstellen Sie eine Prozedur, die die Feldnamen der Abfrage *qryArtikel* im Direktfenster ausgibt.

Die Prozedur sollte in etwa so wie in dem folgenden Listing ausschauen:

```
Public Sub QueryDefBeispiel()
01    Dim db As DAO.Database
02    Dim qdf As DAO.QueryDef
03    Dim fld As DAO.Field
04    Set db = CurrentDb
05    Set qdf = db.QueryDefs("qryArtikel")
06      For Each fld In qdf.Fields
07        Debug.Print fld.Name
08      Next fld
09    Set fld = Nothing
10    Set qdf = Nothing
11    Set db = Nothing
End Sub
```

In den Zeilen 01 bis 03 werden die Objektvariablen für die Objekte *Database*, *QueryDef* und *Field* deklariert. In der *For...Each*-Schleife (Zeile 06) werden die Feldnamen durch die *Debug.Print*-Anweisung (Zeile 07) im Direktfenster ausgegeben. Nach der Abarbeitung der Schleife werden die Objektvariablen wieder freigegeben (Zeilen 09 bis 11).

4 Finden Sie den Fehler in der folgenden Prozedur und erklären Sie, warum er auftritt.

```
Public Sub MoveAufgabe()
01    Dim db As DAO.Database
02    Dim rs As DAO.Recordset
03    Set db = CurrentDb
04    Set rs = db.OpenRecordset("tblArtikel", dbOpenDynaset)
05        rs.MoveLast
06            Debug.Print rs.EOF
07        rs.MoveNext
08            Debug.Print rs.EOF
09        rs.MoveNext
10    rs.Close
11    Set rs = Nothing
12    Set db = Nothing
End Sub
```

Der Fehler tritt in der Zeile 09 auf. Wenn der Datensatzzeiger auf dem letzten Datensatz steht (Zeile 05) und die *MoveNext*-Methode ausgeführt wird (Zeile 07), wird der Datensatzzeiger ohne Fehlermeldung hinter dem letzten Datensatz positioniert. Bei einem erneuten *MoveNext* (Zeile 09) bricht die Prozedur mit einem Laufzeitfehler ab.

5 **Durchlaufen Sie ein Recordset auf Basis der Tabelle *tblArtikel* von hinten nach vorne – also vom letzten bis zum ersten Datensatz. Geben Sie alle Inhalte des Felds *Artikelname* im Direktfenster aus.**

Der VBA-Code der Lösung dieser Aufgabe sollte wie im folgenden Listing ausschauen:

```
Public Sub RsMoveBOF()
01    Dim db As DAO.Database
02    Dim rs As DAO.Recordset
03    Set db = CurrentDb
04    Set rs = db.OpenRecordset("tblArtikel", dbOpenTable)
05      rs.MoveLast
06      Do Until rs.BOF
07        Debug.Print rs!Artikelname
08        rs.MovePrevious
09      Loop
10    rs.Close
11    Set rs = Nothing
12    Set db = Nothing
End Sub
```

Die Aufgabenstellung erfordert, dass der Datensatzzeiger nach dem Öffnen des Recordsets auf den letzten Datensatz positioniert wird. Dies erledigt die Methode *MoveLast* in Zeile 05. Anschließend wird das Recordset in einer *Do-Until...Loop*-Schleife (Zeilen 06 und 09) mit der Methode *MovePrevious* (Zeile 08) so lange nach vorne durchlaufen, bis die Eigenschaft *BOF* den Wert *True* hat. Innerhalb der Schleife wird für jeden Datensatz der Inhalt des Feldes *Artikelname* im Direktfenster ausgegeben (Zeile 07).

6 **Welche Methoden müssen Sie anwenden, um einen Datensatz zu ändern? Schreiben Sie dazu ein kurzes Codefragment.**

Zum Ändern von Datensätzen müssen bei Recordsets die beiden Methoden *Edit* und *Update* nacheinander angewendet werden. Das dazugehörige Codefragment sollte wie in dem folgenden Listing ausschauen:

```
...
01        rs.Edit
02           rs!Feldname = "NeuerWert"
03        rs.Update
...
```

Teil III: Anwenden

A1 VBA in Formularen und Berichten

Dieser letzte Teil soll die praktische Anwendung des bisher Gelernten zeigen. Im Idealfall sollte hier nun die Entwicklung einer kleinen Access-Anwendung vorgestellt werden, in der ein Großteil des bisher behandelten Stoffs vertieft wird. Dazu fehlen dem Autor aber leider 150 bis 200 Seiten Platz ...

Deshalb muss die Vertiefung an ausgewählten grundsätzlichen Beispielen erfolgen, die Sie anschließend nach entsprechenden Anpassungen in Ihre eigenen Datenbanken übernehmen können. Außerdem lernen Sie bei diesen Beispielen – hoffentlich – das zur Lösung solcher Probleme grundsätzlich notwendige methodische Vorgehen kennen. Dazu zählt vor allem auch, dass Sie auf die kleinen, aber entscheidenden Nebensächlichkeiten achten.

Die Verwendung von VBA in Formularen bedeutet in der praktischen Arbeit in erster Line die Behandlung von Ereignissen und Eigenschaften – das ist Ihnen mit Sicherheit bereits klar.

Suchen im Formular

Eine Datenbankanwendung sollte eigentlich die Möglichkeit bieten, schnell einen bestimmten Datensatz auszuwählen und zum aktuellen Datensatz zu machen. Neben verschiedenen anderen Lösungsmöglichkeiten kann dies auch über die Auswahl des betreffenden Datensatzes aus einem Listenfeld realisiert werden. Wir betrachten zunächst die fertige Lösung:

Das Ergebnis

In dem Formular ist eine Schaltfläche *btnSuche* mit der Beschriftung *Suche...* vorhanden.

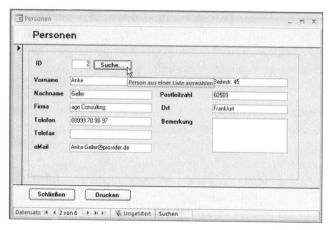

Abb. A1.1: Suchschaltfläche im Formular

Nach einem Klick auf diese Schaltfläche wird ein bis dahin unsichtbares Listenfeld sichtbar geschaltet und angezeigt. Nach der Auswahl eines Eintrags wird der entsprechende Datensatz zum aktuellen Datensatz im Formular gemacht.

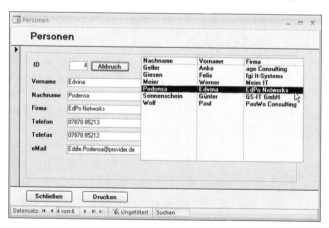

Abb. A1.2: Suche über ein Listenfeld

Der wichtigste Punkt bei der Realisierung einer solchen Funktionalität ist es, bestimmte Eigenschaften zum richtigen Zeitpunkt zu verändern. Deshalb geht es bei diesem Beispiel auch weniger um die Vorstellung einer von vielen möglichen Suchmöglichkeiten in einem Formular, sondern vielmehr darum, die Veränderung von Eigenschaftseinstellungen zur Laufzeit per VBA zu demonstrieren. **Hintergrund**

Vorüberlegungen

Bei der Umsetzung hin zu der gezeigten Funktionalität sind zwei Steuerelemente zu behandeln:

■ die Schaltfläche *btnSuche*

■ das Listenfeld *lstSuche*

Wir beginnen mit der Schaltfläche.

Vor der Erstellung der Schaltfläche beziehungsweise der Ereignisprozedur dafür sind einige Überlegungen über den gewünschten beziehungsweise tatsächlichen Ablauf der Verarbeitung notwendig:

Beim Klick auf die Schaltfläche soll das Listenfeld angezeigt und dort der gewünschte Datensatz durch Anklicken angesprungen werden. Daraufhin kann auch das Listenfeld wieder geschlossen werden.

So weit, so gut. Doch was, wenn der Anwender es sich anders überlegt und gar nicht mehr zu einem anderen Datensatz wechseln will? Ihn einfach zu irgendeinem Datensatz wechseln lassen, nur um das Listenfeld wieder verschwinden lassen zu können? Eine solche Lösung wäre zwar ohne Weiteres vertretbar, ist jedoch nicht so recht zufriedenstellend.

Eleganter wäre es nämlich, in einem solchen Fall das Listenfeld durch einen zweiten Klick auf die Schaltfläche *btnSuche* wieder unsichtbar zu schalten. Dazu sollte die Schaltfläche allerdings auch eine andere Beschriftung als *Suche* haben. Auch der *ToolTip*-Text, der bei der Berührung der Schaltfläche mit der Maus angezeigt wird, sollt dann ein anderer sein.

Sie erkennen, dass schon bei der Lösung eines solchen recht simplen Problems der Teufel im Detail stecken kann.

Die Schaltfläche »btnSuche«

1 Öffnen Sie das Formular in der Entwurfsansicht.

2 Fügen Sie eine Befehlsschaltfläche hinzu und zeigen Sie das Dialogfeld *Eigenschaftenblatt* an.

3 Stellen Sie die Eigenschaften für die Schaltfläche wie in der folgenden Tabelle ein:

Eigenschaft	Einstellung
Name	btnSuche
Beschriftung	Suche...
SteuerelementTip-Text	Person aus einer Liste auswählen

Tab. A1.1: **Eigenschafteneinstellungen für die Schaltfläche** *btnSuche*

4 Erstellen Sie für das Ereignis *Beim Klicken* der Schaltfläche folgende Ereignisprozedur:

Ereignis-prozedur

```
Private Sub btnSuche_Click()
01    If Me!lstSuche.Visible = False Then
02        DoCmd.RunCommand acCmdSaveRecord
03        With Me
04            lstSuche.Requery
05            btnSuche.ControlTipText = "Liste ausblenden"
06            lstSuche.Visible = True
07            btnSuche.Caption = "Abbruch"
08        End With
09    Else
010       With Me
11            btnSuche.ControlTipText = "Person aus einer
              Liste auswählen"
12            lstSuche.Visible = False
```

```
13        btnSuche.Caption = "Suche..."
14     End With
15     End If
End Sub
```

5 Kompilieren Sie die Prozedur und speichern Sie das Modul.

Die Ereignisprozedur

Zunächst überprüft die Ereignisprozedur in einer *If*-Anweisung (Zeile 01) den Wert der Eigenschaft `Visible` des Listenfelds auf *True* oder *False*. Falls sie das Ergebnis *False* zurückgibt, ist das Listenfeld unsichtbar. Das heißt, der Anwender will einen Datensatz aussuchen.

Die Prozedur speichert zunächst den aktuellen Datensatz (Zeile 02) und fragt mit der *Requery*-Methode die Datensatzherkunft des Listenfelds erneut ab (Zeile 03). Damit ist sichergestellt, dass im Listenfeld alle aktuellen Datensätze angezeigt und zur Auswahl bereitgestellt werden. Dann wird das Listenfeld sichtbar geschaltet (Zeile 05). Quasi als Nebenarbeiten werden noch die Beschriftung der Schaltfläche *btnSuche* (Zeile 05) und der *ControlTip*-Text (Zeile 07) eingestellt. Dies bereitet den Fall vor, dass der Anwender die Suche abbrechen will. **Anwender will suchen**

Wenn der Anwender nicht suchen will und auf die Schaltfläche *btnSuche* mit der Beschriftung *Abbruch* klickt, ist das Listenfeld sichtbar, und die *If*-Anweisung in Zeile 01 verzweigt über das Schlüsselwort *Else* (Zeile 09) in den *True*-Teil (ab Zeile 10). Das Listenfeld wird unsichtbar geschaltet und die Schaltfläche *btnSuche* erhält wieder die Beschriftung *Suche...* (Zeilen 12 und 13). **Anwender bricht Suche ab**

Das Listenfeld »lstSuche«

Das Listenfeld *lstSuche* ist als ungebundenes Listenfeld im Formular *frmPersonen* eingefügt. Die Anordnung ist auf *Vordergrund* eingestellt.

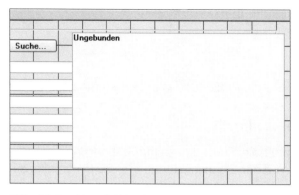

Abb. A1.3: Listenfeld im Formular

Als Eigenschaft *Datensatzherkunft* oder *RecordSource* für das Listenfeld dient die folgende SQL-Anweisung:

```
SELECT PersonID, Nachname, Vorname, Firma FROM tblPersonen
ORDER BY Nachname, Vorname;
```

Abb. A1.4: Datensatzherkunft des Listenfelds

Die weiteren notwendigen Eigenschafteneinstellungen für das Listenfeld entnehmen Sie bitte der folgenden Tabelle:

Eigenschaft	Einstellung
Gebundene Spalte	1
Spaltenanzahl	4
Spaltenüberschriften	Ja
Spaltenbreiten	0cm;3cm;2,501cm;3cm

Eigenschaft	Einstellung
Sichtbar	Nein
In Reihenfolge	Nein

Tab. A1.2: Eigenschafteneinstellungen für das Listenfeld *lstSuche*

Die Verknüpfung des Listenfelds zum Formular erfolgt über das Primärschlüsselfeld *PersonID*. Da dessen Eigenschaft *Spaltenbreite* – Gebundene Spalte 1 – hier auf den Wert *0 cm* eingestellt ist, ist es also nicht sichtbar.

Der Suchvorgang

Der Suchvorgang wird durch das Anklicken einer Zeile im Listenfeld auslöst. Dabei wird das Ereignis

■ *Nach Aktualisierung* oder *AfterUpdate*

ausgelöst und eine Ereignisprozedur ausgeführt.

Dieses Ereignis bietet unter anderem die Möglichkeit, den im Listenfeld vorhanden Wert auszuwerten. Das ist bei dieser Verarbeitung der Fall.

Ereignis After Update

Die Ereignisprozedur »AfterUpdate«

In der Prozedur für das Ereignis *AfterUpdate* wird der mit dem Listenfeld übereinstimmende Datensatz im Formular gesucht und dort zum aktuellen Datensatz gemacht. Anschließend werden noch einige Abschlussarbeiten erledigt.

VBA-Code

Der VBA-Code dieser Prozedur ist im folgenden Listing abgedruckt:

```
Private Sub lstSuche_AfterUpdate()
01    Dim rs As DAO.Recordset
02    Set rs = Me.RecordsetClone
03       rs.FindFirst "PersonID = " & Me!lstSuche
04       Me.Bookmark = rs.Bookmark
```

```
05      Set rs = Nothing
' Restarbeiten
06      With Me
07          btnSuche.ControlTipText = "Person aus einer Liste
            auswählen"
08          Vorname.SetFocus
09          lstSuche.Visible = False
10          btnSuche.Caption = "Auswahl..."
11      End With
End Sub
```

Beschreibung

Diese Prozedur ist faktisch in die eigentliche Suche (Zeilen 01 bis 05) und die Ausführung von Restarbeiten aufgeteilt (Zeilen 06 bis 10). Wir beginnen mit dem ersten Teil.

Suche

Die Prozedur verwendet die Eigenschaft *RecordsetClone* des *Form*-Objekts. Diese stellt eine exakte Kopie der Datensatzgruppe dar, die dem Formular zugrunde liegt. Eine solche geklonte Datensatzgruppe kann genauso behandelt werden wie die Datensatzgruppen, die Sie im letzten Kapitel kennengelernt haben.

Sie erkennen dies daran, dass nach Deklaration (Zeile 01) und Zuweisung (Zeile 02) in Zeile 03 die Methode *FindFirst* auf diese Datensatzgruppe angewendet wird. Damit und mit der *Bookmark*-Eigenschaft wird die im Listenfeld enthaltene *PersonID* im Formular *frmPersonen* gesucht (Zeile 04).

Restarbeiten

Zum Abschluss werden in der Prozedur dann noch innerhalb einer *With*-Anweisung der *ControlTip*-Text geändert (Zeile 07), der Fokus auf ein anderes Steuerelement im Formular gesetzt (Zeile 08), das Listenfeld wieder unsichtbar geschaltet (Zeile 09) und die Beschriftung der Schaltfläche *btnSuche* angepasst (Zeile 10) – typische Restarbeiten also.

Aktuellen Datensatz drucken

Eine oftmals gestellte Anforderung an die Funktionalität von Formularen ist, den Ausdruck des aktuellen Datensatzes zu ermöglichen. Grundvoraussetzung dafür ist, dass ein entsprechender Bericht vorhanden ist, dessen Datensatzherkunft mit der des Formulars übereinstimmt.

Alles Weitere kann vom Formular aus mit Hilfe einer Schaltfläche und einer kleinen Ereignisprozedur erledigt werden.

1 Fügen Sie in den Formularfuß eine Befehlsschaltfläche mit der Beschriftung *Drucken* ein.

2 Stellen Sie die Eigenschaft *Name* der Schaltfläche mit *btnDruck* ein.

3 Erstellen Sie dann für das Ereignis *Beim Klicken* der Schaltfläche folgende Ereignisprozedur:

```
Private Sub btnDruck_Click()
    ' Eventuelle Datensatzänderungen speichern
01      DoCmd.RunCommand acCmdSaveRecord
    ' Bericht in der Vorschau öffnen
02      DoCmd.OpenReport "repPersonen", acViewPreview, , _
                "PersonID = " & Me!PersonID
End Sub
```

Ereignisprozedur

4 Kompilieren Sie die Prozedur und speichern Sie das Modul.

5 Schließen Sie die Entwurfsansicht.

In Zeile 01 werden alle eventuellen Datensatzänderungen gespeichert. Ohne diese Zeile wäre folgendes Szenario denkbar:

Beschreibung

Sie nehmen Änderungen an einem Datensatz vor. Diese Änderungen werden aber erst beim Datensatzwechsel oder dem Schließen des Formulars gespeichert. Wenn Sie also den Bericht aufrufen, werden die Änderungen am Datensatz nicht mit ausgedruckt.

In Zeile 02 wird der Bericht mit der Methode *DoCmd.Open-Report* geöffnet. Die Konstante *acViewPreview* legt die Ansicht *Seitenansicht* fest, und als Öffnungsargument wird der Wert des Primärschlüsselfelds des aktuellen Datensatzes übergeben.

Bei einem Klick auf die Schaltfläche *btnDruck* haben Sie das gewünschte Ergebnis vor sich auf dem Bildschirm.

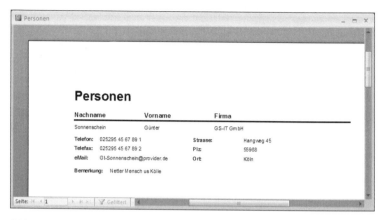

Abb. A1.5: Der Bericht in der Seitenansicht

Formular filtern

Access stellt in Formularen verschiedene Möglichkeiten zur Verfügung, Daten zu filtern. Vor diesem Hintergrund betrachtet, wäre das folgende Beispiel also überflüssig:

Das Ergebnis

Information

In einem Artikelformular – Datensatzherkunft die Tabelle *tbl-Artikel* – sollen die Artikel mit Hilfe eines Kombinationsfelds nach den einzelnen Kategorien gefiltert werden (siehe Abbildung A1.6).

Konkret bedeutet dies: Wenn in dem Kombinationsfeld eine bestimmte Kategorie ausgewählt wird, werden in dem Formular nur die Artikel angezeigt, die zu dieser Kategorie gehören. Außerdem besteht noch die Möglichkeit, in den Kombinationsfeld die Anzeige aller Artikel auszuwählen. Als nette Spielerei wird in dem Formular noch der aktuelle Status der Filterung in einem Bezeichnungsfeld angezeigt: *ungefiltert* beziehungsweise *gefiltert*.

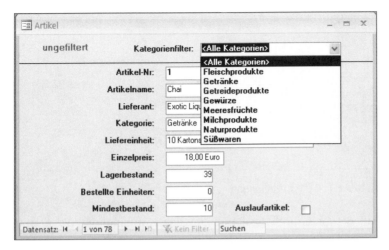

Abb. A1.6: Artikelformular

Realisiert wird diese Funktionalität dadurch, dass abhängig von der Auswahl im Kombinationsfeld die Datensatzherkunft des Formulars entsprechend geändert wird. Und dies ist auch der Grund, warum die Darstellung eines solchen Beispiels Sinn macht: um die Datensatzherkunft als Reaktion auf ein Ereignis zur Laufzeit zu ändern.

Das Kombinationsfeld

Das Herzstück der gesamten Funktionalität zur Umsetzung der Lösung sind das Kombinationsfeld und die dazugehörige Ereignisprozedur. Dabei sind natürlich auch das Datenmodell oder die Beziehungen zwischen den Tabellen der kleinen Anwendung von Bedeutung.

Die Tabelle *tblKategorien*, in der die Kategorien gespeichert sind, ist *1:n* mit der Artikeltabelle *tblArtikel* verknüpft. **Beziehungen**

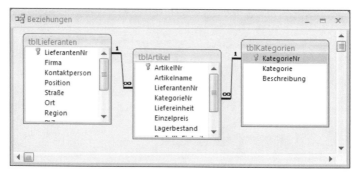

Abb. A1.7: Die Beziehungen

Auf dieser Grundlage kann nun das Kombinationsfeld erstellt werden.

Kombinations-feld erstellen **1** Öffnen Sie das Formular in der Entwurfsansicht.

2 Fügen Sie in den Formularkopf das Kombinationsfeld *cbo-FilterKategorie* ein.

3 Stellen Sie die Eigenschaften für das Kombinationsfeld wie in der folgenden Tabelle ein:

Eigenschaft	Einstellung
Spaltenanzahl	2
Gebundene Spalte	1
Spaltenbreiten	0cm;4cm

Tab. A1.3: Eigenschafteneinstellungen für das Kombinationsfeld

Es fehlt jetzt noch die Einstellung der in diesem Zusammenhang wichtigsten Eigenschaft: der Datensatzherkunft.

Datensatzherkunft

Information Damit das Kombinationsfeld die gewünschte Funktionalität bietet, muss die Datensatzherkunft eine UNION-SELECT-Anweisung sein. UNION-Abfragen bieten die Möglichkeit, entweder die Daten mehrerer gleichartig aufgebauter Tabellen in einer Abfrage zu vereinen oder Werte mit in die Abfrage aufzunehmen, die gar nicht in der zugrunde liegenden Tabelle vorhanden sind.

> Dieser Abfragentyp kann nicht im Abfragenentwurf erstellt werden, sondern muss direkt in die SQL-Ansicht der Abfrage eingegeben werden.

Wir benötigen allerdings nur den SQL-Code der Abfrage, der direkt im Eigenschaftenblatt in das Feld *Datensatzherkunft* eingegeben werden kann:

```
SELECT [KategorieNr], [Kategorie] FROM tblKategorien UNION
SELECT 0 AS [KategorieNr], '<Alle Kategorien>' AS Kategorie
FROM tblKategorien ORDER BY [Kategorie];
```

UNION-Abfrage

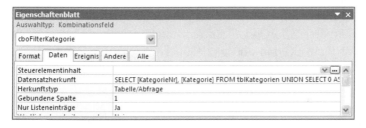

Abb. A1.8: SQL-Anweisung als Datensatzherkunft

Als gespeicherte Abfrage schaut das Abfrageergebnis dieser Abfrage wie in der folgenden Abbildung aus. Dabei wird auch die Wirkungsweise der *UNION*-Abfrage deutlich (siehe Abbildung A1.9).

Zusätzlich zu den bereits in der Tabelle vorhandenen Kategorien wird eine neue, in der Tabelle nicht vorhandene Kategorie *0* mit dem Namen *<Alle Kategorien>* erzeugt.

Auf dieser Basis kann nun das Kombinationsfeld von einer Ereignisprozedur ausgewertet werden.

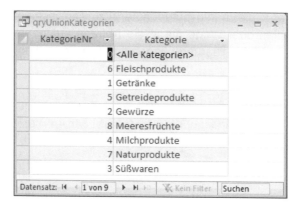

Abb. A1.9: Abfrageergebnis

Die Ereignisprozedur

Für die Ereignisprozedur benötigen wir das Ereignis *Nach Aktualisierung* oder *AfterUpdate* des Kombinationsfelds.

Ereignis AfterUpdate

Das Ereignis *AfterUpdate* für ein Kombinationsfeld bietet auch die Möglichkeit, den dort aktuellen Wert weiter zu verarbeiten. Genau dies geschieht in der folgenden Ereignisprozedur.

▐ Erstellen Sie für das Ereignis *AfterUpdate* des Kombinationsfelds folgende Ereignisprozedur:

Ereignisprozedur

```
Private Sub cboFilterKategorie_AfterUpdate()
01    Dim strSQL As String
02    Dim IntKategorieNr As Integer
03    IntKategorieNr = Me!cboFilterKategorie.Value
04    If IntKategorieNr = 0 Then
05        strSQL = "SELECT * FROM tblArtikel"
06        Me.RecordSource = strSQL
07        Me.Requery
08        Me!lblFilterStatus.Caption = "ungefiltert"
09    Else
10        strSQL = "SELECT * FROM tblArtikel WHERE
          KategorieNr=" & IntKategorieNr
11        Me.RecordSource = strSQL
```

```
12        Me.Requery
13        Me!lblFilterStatus.Caption = "gefiltert"
      End If
End Sub
```

5 Kompilieren Sie die Prozedur und speichern Sie das Modul.

6 Schließen Sie die Entwurfsansicht.

In der Ereignisprozedur müssen zwei mögliche Zustände behandelt werden:

Beschreibung

■ Es sollen alle Datensätze angezeigt werden.

■ Es sollen die Datensätze einer bestimmten Kategorie angezeigt werden.

Also benötigen wir für diese Fallunterscheidung eine *If*-Anweisung. Zuvor jedoch müssen zwei notwendige Variablen deklariert werden.

Die Variable *strSQL* in Zeile 01 speichert den String für eine SQL-Anweisung, und in der Variablen *intKategorieNr* in Zeile 02 wird der Zahlenwert der ausgewählten Kategorie aus dem Kombinationsfeld gespeichert.

Mit dieser Zuweisung beginnt auch die Verarbeitung in Zeile 03. Die *If*-Anweisung (Zeile 04) überprüft, ob dieser Wert *0* ist und alle Datensätze angezeigt werden sollen.

Im *True*-Fall wird in der Variablen *strSQL* eine SQL-Anweisung gespeichert, die alle Datensätze der Tabelle *tblArtikel* übergibt (Zeile 05). Diese SQL-Anweisung wird dann in Zeile 06 der Eigenschaft *Recordsource* des Formulars übergeben und in Zeile 07 mit der Methode *Requery* abgefragt. Das war's im Wesentlichen. In Zeile 08 wird dann noch die Beschriftung des Statusfelds auf *ungefiltert* eingestellt, doch das ist rein nebensächlich.

Falls die *If*-Anweisung in Zeile 04 *False* zurückliefert, ist auch der Wert der Variablen *intKategorieNr* logischerweise ungleich *0*. Der Anwender hat also eine Kategorie ausgewählt, und es wird in den *Else*-Teil (Zeile 08) verzweigt.

Dieser unterscheidet sich in der Hauptsache durch die Zusammensetzung der SQL-Anweisung in Zeile 10. Diese verfügt jetzt über eine *WHERE*-Klausel, in der die zurückgegebenen Datensätze anhand des Wertes der *KategorieNr* aus dem Kombinationsfeld eingeschränkt werden.

Kombinationsfeld-Kosmetik

Zum Abschluss dieses Abschnitts noch eine Kleinigkeit zu dem eben besprochenen Kombinationsfeld. In diesem Kombinationsfeld wird nach dem Öffnen des Formulars der Eintrag *<Alle Datensätze>* angezeigt.

Abb. A1.10: Öffnen des Formulars: Eintrag im Kombinationsfeld

Eine solche Anzeige ist aber nicht so ohne Weiteres zu haben, denn standardmäßig zeigt ein solches Kombinationsfeld gar keinen Eintrag an.

Abb. A1.11: Öffnen des Formulars: Leeres Kombinationsfeld

Das schaut allerdings nicht sonderlich gut aus, wie Sie mir sicherlich zustimmen. Um dies zu ändern, ist ein kleiner Eingriff notwendig, der sich allerdings auf eine einzige Zeile VBA-Code beschränkt.

Kombinationsfelder – wie auch Listenfelder – verfügen unter anderem über die Eigenschaft *ItemData*. Mit Hilfe dieser Eigenschaft kann auf die Zeilennummern eines Kombinationsfelds zugegriffen werden, wobei die erste Zeile die Nummer *0* hat. Damit können Sie entweder die Zeilen durchlaufen oder die entsprechenden Daten ausgeben.

1 Öffnen Sie das Formular in der Entwurfsansicht.

2 Zeigen Sie das Eigenschaftenblatt für das Formular an.

Erstellen Sie für das Ereignis *Beim Laden* des Formulars folgende Ereignisprozedur:

Das Ereignis *Beim Laden* oder *Load* für ein Formular tritt dann ein, wenn das Formular einschließlich Steuerelementen zwar geöffnet, aber noch nicht sichtbar ist. Es eignet sich unter anderem für das Setzen von Werten für Steuerelemente.

Formularereignis Load

```
Private Sub Form_Load()
    Me!cboFilterKategorie =
Me!cboFilterKategorie.ItemData(0)
End Sub
```

3 Kompilieren Sie die Prozedur und speichern Sie das Modul.

4 Schließen Sie die Entwurfsansicht.

In der Prozedur wird beim Laden des Formulars dem Kombinationsfeld *cboFilterKategorie* der Wert der ersten Zeile des gleichen Kombinationsfelds zugewiesen und angezeigt.

Beschreibung

Anlage- und Änderungsdatum im Formular

An Datenbankanwendungen wird oftmals die Anforderung gestellt, das Anlegen beziehungsweise Bearbeiten von Datensätzen nachvollziehen zu können – also zu protokollieren.

Information

Da eine solche Funktionalität bei Access standardmäßig nicht vorhanden ist, muss zu deren Realisierung selbst Hand angelegt werden. Wir beginnen mit dem Anlegen der beiden zusätzlichen Datenfelder in der betreffenden Tabelle.

Tabellenfelder anlegen

1 Öffnen Sie die Tabelle in der Entwurfsansicht.

2 Legen Sie ein neues Feld *AnlageDatum* mit dem Felddatentyp *Datum/Uhrzeit* an.

3 Wählen Sie dann im Bereich *Feldeigenschaften* als *Format* für dieses Feld den Wert *Standarddatum* aus.

Feldeigenschaften

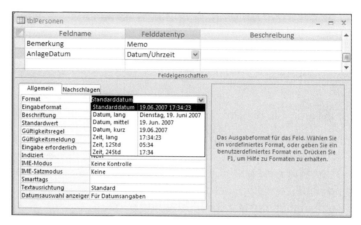

Abb. A1.12: Feldeigenschaften

4 Legen Sie anschließend noch ein weiteres Feld *AenderungsDatum* mit identischen Feldeigenschaften an.

5 Speichern Sie Änderungen am Tabellenentwurf und verlassen Sie die Entwurfsansicht der Tabelle.

Formular ändern

Im zweiten Arbeitsschritt müssen die beiden neuen Felder in das Formular eingefügt werden. Das sollte für Sie kein Problem darstellen.

Da es sich bei den beiden neuen Feldern um reine Anzeigefelder handelt, stellen Sie die Eigenschaften der beiden Felder wie in der folgenden Tabelle beschrieben ein:

Eigenschaft	Einstellung
Datumsauswahl anzeigen	Nie
Aktiviert	Nein
Gesperrt	Ja
In Reihenfolge	Nein

Tab. A1.4: Eigenschafteneinstellungen für die Anzeigefelder

Um die Felder auch optisch als reine Anzeigefelder zu kennzeichnen, wählen Sie am besten auch noch eine andere Schrift- oder Hintergrundfarbe für sie aus.

Anschließend sollte das Formular im Entwurf wie in der folgenden Abbildung ausschauen:

Abb. A1.13: Die neu eingefügten Felder im Formularentwurf

Jetzt fehlt nur noch eine passende Ereignisprozedur, die beim Anlegen und Ändern eines Datensatzes die Zeitangaben in die entsprechenden Tabellenfelder schreibt.

Die Ereignisprozedur

Für unsere Ereignisprozedur benötigen wir das Ereignis *Vor Aktualisierung* oder *BeforeUpdate* für das Formular.

Dieses Ereignis *BeforeUpdate* tritt nach dem Auslösen des Speicherns für den Datensatz, aber vor dem eigentlichen Speichern auf. Es kann unter anderem für das Setzen von Feldwerten verwendet werden.

Ereignis BeforeUpdate

1 Aktivieren Sie das Eigenschaftenblatt für das Formular und klicken Sie dort am besten auf das Register *Ereignisse*.

2 Wählen Sie das Feld *Vor Aktualisierung* aus und erstellen Sie die folgende Ereignisprozedur:

Ereignis-prozedur

```
Private Sub Form_BeforeUpdate(Cancel As Integer)
01    If Me.NewRecord = True Then
02        Me!AnlageDatum = Now
03    Else
04        Me!AenderungsDatum = Now
05    End If
End Sub
```

3 Kompilieren Sie die Prozedur und speichern Sie das Modul.

4 Schließen Sie die Entwurfsansicht.

Eigenschaft NewRecord

Mit der Eigenschaft *NewRecord* können Sie bestimmen, ob der aktuelle Datensatz ein neuer Datensatz ist oder nicht. Bei einem neuen Datensatz hat die Eigenschaft *NewRecord* den Wert *True*, unabhängig davon, ob der Datensatz bereits bearbeitet wurde oder nicht.

Beschreibung

In Zeile 01 fragt die *If*-Anweisung den Wert der Eigenschaften *NewRecord* ab. Im *True*-Fall handelt es sich um einen neuen Datensatz, und dem Feld *AnlageDatum* wird der Wert der Funktion *Now* zugewiesen (Zeile 02).

Durch die Verwendung der Funktion *Now* wird zusätzlich zum Datum auch die Uhrzeit in das Feld geschrieben. Falls Sie dies für überflüssig erachten, verwenden Sie hier einfach die Funktion *Date*, die lediglich das Datum zurückgibt.

Im *False*-Fall – also kein neuer Datensatz – verzweigt die *If*-Anweisung zum *Else*-Teil (Zeile 03) und aktualisiert dort in Zeile 04 das Feld *AenderungsDatum* mit der Funktion *Now*.

Anschließend schaut das Formular nach Datensatzänderungen wie in der folgenden Abbildung aus:

Abb. A1.14: Fertiges Formular

Erweiterung der Funktionalität

Eine naheliegende und leicht zu realisierende Erweiterung dieser Funktionalität wäre, jeweils in einem zweiten Feld den Benutzernamen des aktuell an der Access-Datenbank angemeldeten Benutzers zu erfassen. Dies macht allerdings nur in einer Mehrbenutzerumgebung Sinn.

Falls eine solche nicht eingerichtet ist, sind Sie beim Starten von Access automatisch als Benutzer *Admin* angemeldet. Sie können dies leicht durch den Aufruf der *CurrentUser*-Methode des *Application*-Objekts im Direktfenster nachvollziehen:

Abb. A1.15: Ausgabe des aktuellen Benutzers im Direktfenster

Eine entsprechende Erweiterung der eben vorgestellten Prozedur für zwei weitere Textfelder *AngelegtVon* beziehungsweise

GeaendertVon sähe wie folgt aus:

```
...
Me!AngelegtVon = CurrentUser
...
Me!GeaendertVon = CurrentUser
...
```

Manueller AutoWert

Sie kennen mit Sicherheit den Felddatentyp *AutoWert*, der in Tabellen in der Regel für Primärschlüsselfelder verwendet wird und die Anzahl der Datensätze automatisch hochzählt.

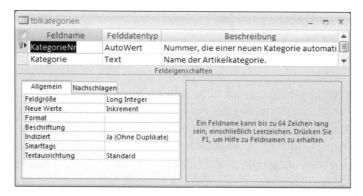

Abb. A1.16: Tabelle in der Entwurfsansicht

Information

In den allermeisten Fällen ist die Funktionalität, die ein solches *AutoWert*-Feld zur Verfügung stellt, vollkommen ausreichend. Es gibt allerdings auch Fälle; wo dies eben nicht zutrifft:

- Das *AutoWert*-Feld soll einen ganz bestimmten Startwert haben, der sich auch bei einer Komprimierung der Datenbank nicht verändert.

- Das *AutoWert*-Feld soll neben dem Zähler noch eine Zeichenkette enthalten, um beispielsweise einen Produktcode oder ein anderes Kürzel im AutoWert unterzubringen.

In einem solchen Fall benötigen Sie als Ersatz eine Funktionali- **Manueller**
tät, die man als manuellen AutoWert bezeichnen könnte. Ein **AutoWert**
solcher manueller *AutoWert* kann mit Hilfe einer passenden
VBA-Funktion realisiert werden. Bei einer solchen Lösung geht
es also im Grunde genommen darum, fehlende Möglichkeiten
von Access zu erweitern.

Die in dem folgenden Beispiel vorgestellte Funktion zur Erstellung eines manuellen AutoWerts ist recht flexibel und bietet folgende Möglichkeiten:

■ Der *AutoWert* kann entweder ein reiner Zahlenwert sein
oder zusätzlich noch eine beliebige Zeichenkette enthalten.

■ Der *AutoWert* kann auf einen beliebigen festen Startwert
eingestellt werden.

Tabelle, Formular und Modul

In der Tabelle einer solchen Lösung benötigen wir zunächst ein **Information**
passendes Primärschlüsselfeld. Bei einer Zeichenkette im
AutoWert muss der Felddatentyp des betreffenden Feldes
natürlich logischerweise *Text* sein. In allen anderen Fällen können Sie auch den Datentyp *Zahl* verwenden.

1 Erstellen Sie eine neue Tabelle mit den drei Textfeldern **Tabellenfelder**
TableID, *TableField_1* und *TableField_2*.

2 Weisen Sie dem Textfeld *TableID* das Attribut *Primärschlüs-
sel* zu.

3 Speichern Sie die Tabelle unter dem Namen *tblAutoWert*
(siehe Abbildung A1.17).

4 Erstellen Sie anschließend mit Hilfe des Assistenten auf **Das Formular**
Grundlage der Tabelle ein Formular und speichern Sie es
unter dem Namen *frmAutoWert* ab.

5 Erstellen Sie abschließend noch ein neues Standardmodul
und speichern Sie es unter dem Namen *basAutoWert* ab.

Damit sind die vorbereitenden Arbeiten abgeschlossen.

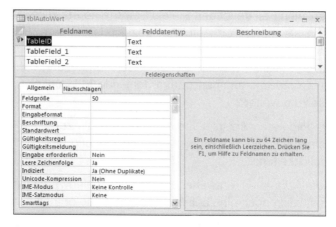

Abb. A1.17: Die Tabelle *tblAutoWert* in der Entwurfsansicht

Die Funktion »AutoWertM«

6 Erstellen Sie im Modul *basAutoWert* die im folgenden Listing abgedruckte Funktion *AutoWertM*.

 In dem folgenden Listing wurde aus Gründen der Übersichtlichkeit die Fehlerbehandlung weggelassen.

```
01  Public Function AutoWertM(strFieldForm As String, _
        strFieldTable As String, strTableName As String, _
        Optional strPraefix As String, Optional lngStart As Long = 1)
02      Dim lngNewID As Long
03      Dim frm As Form
04      Dim ctl As Control
04      Set frm = Screen.ActiveForm
06      Set ctl = frm(strFieldForm)
07        If IsNull(ctl) Then
08          If (IsNull(DMax("[" & strFieldTable & "]",
                strTableName))) Then
09            lngNewID =
10          Else
11            lngNewID = DMax("[" & strFieldTable & "]",
                strTableName)
```

```
12          If Len(Trim(Nz(strPraefix))) > 0 Then
13              lngNewID = Right(lngNewID, (Len(lngNewID) -
                Len(Trim(Nz(strPraefix)))))
14          End If
15              lngNewID = lngNewID + 1
16          End If
17          If Len(Trim(Nz(strPraefix))) > 0 Then
18              ctl = strPraefix & lngNewID
19          Else
20              ctl = lngNewID
21          End If
22      End If
23  End Function
```

Beschreibung der Funktion

Die Beschreibung der Funktion muss sich hier aus Platzgründen auf die wesentlichen Merkmale beschränken.

Wir beginnen mit den Übergabeparametern der Funktion in Zeile 01, die in der folgenden Tabelle beschrieben werden:

Funktionsparameter

Parameter	Beschreibung
strFieldForm	Formularfeld für den *AutoWert*
strFieldTable	Tabellenfeld für den *AutoWert*
strTableName	Tabellenname
Optional strPraefix	Optionaler Präfix des *AutoWerts*
Optional lngStart	Optionaler Startwert des *AutoWerts*. Voreingestellt ist der Wert 1

Tab. A1.5: Übergabeparameter der Funktion

Mit Hilfe der Parameterübergabe beim Aufruf können Sie die Funktion ohne irgendeine Anpassung in jeder beliebigen Tabellen-/Formularkombination verwenden.

In Zeile 08 wird mit Hilfe der eingebauten Funktion *DMax* der Wert des benutzerdefinierten *AutoWert*-Feldes in der Tabelle ausgelesen. Wenn die Funktion *Null* zurückgibt, dann handelt es sich um den ersten Datensatz. Dieser bekommt dann – wenn kein anderer Startwert beim Funktionsaufruf übergeben wurde – den Wert *1*.

Falls bereits Daten vorhanden sind, ermittelt die Funktion *DMax* den maximalen Wert und erhöht diesen dann um den Wert 1 (Zeile 11).

In den Zeilen 12 und 13 wird bei einem als Zeichenkette über-gebenen Präfix mit Hilfe der eingebauten VBA-Funktionen *Len*, *Trim* und *Nz* der numerische Teil entfernt.

In den Zeilen 17 bis 21 wird dann innerhalb einer *If*-Anweisung – mit oder ohne Zeichenkettenanteil –der neue *AutoWert* an das Feld im Formular übergeben und so auch in der Tabelle gespeichert.

Der Funktionsaufruf

Der Aufruf der Funktion erfolgt durch das Formularereignis *BeforeUpdate*. Das liegt auf der Hand und bedeutet, dass der neu angelegte Datensatz seinen *AutoWert* erhält, bevor er gespeichert wird.

Je nachdem, ob der *AutoWert* nur eine Zahl, ein Präfix oder zusätzlich noch einen Startwert enthält, variieren die Ausdrücke in der Ereignisprozedur *BeforeUpdate* leicht voneinander.

■ Reiner Zahlenwert:

```
Private Sub Form_BeforeUpdate(Cancel As Integer)
    Dim Aufruf
    Aufruf = AutoZaehlerM("TableID", "strTableID",
"tblAutoWert")
End Sub
```

■ Präfix *ADR_* plus Zahlenwert mit dem Startwert *100*:

```
Aufruf = AutoZaehlerM("TableID", "strTableID",
"tblAutoWert", "ADR_", 100)
```

Ein solcher *AutoWert* schaut dann im Formular wie in der folgenden Abbildung aus:

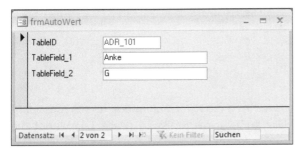

Abb. A1.18: AutoWert mit Präfix und Zahl

■ Reiner Zahlenwert mit dem Startwert 100:

```
Aufruf = AutoZaehlerM("TableID", "strTableID",
"tblAutoWert", , 100)
```

Datensatzänderungen bestätigen

Datensatzänderungen in Access-Formularen werden standardmäßig beim Wechsel des Datensatzes beziehungsweise beim Schließen des Formulars kommentarlos gespeichert. Dieses Verhalten verunsichert manche Anwender. Sie befürchten nämlich, auch unbeabsichtigte Datensatzänderungen zu speichern.   **Information**

In einem solchen Fall erstellen Sie einfach eine kleine Ereignisprozedur für das Formularereignis *BeforeUpdate*. Dort können Sie mit wenigen Zeilen VBA-Code erreichen, dass das Ändern eines Datensatzes von der ausdrücklichen Bestätigung durch den Anwender abhängig gemacht wird.

```
Private Sub Form_BeforeUpdate(Cancel As Integer)    Ereignis-
01    If Me.Dirty Then                                prozedur
02        If MsgBox("Der Datensatz wurde geändert." & vbCrLf
          & _
```

```
         "Soll die Änderung übernommen werden?", _
         vbYesNo + vbQuestion + vbDefaultButton2, _
         "Datensatzänderung") = vbYes Then
03       Else
04          Cancel = True
05          DoCmd.RunCommand acCmdUndo
06          Exit Sub
07       End If
08   End If
     End Sub
```

Beschreibung

In der Prozedur erkennen Sie zwei ineinander verschachtelte *If*-Anweisungen. Die äußere *If*-Anweisung (Zeile 01) wertet die Eigenschaft *Dirty* des Formulars aus.

Eigenschaft Dirty

Diese Eigenschaft hat den Wert *True*, wenn der Datensatz seit dem letzten Speichern verändert wurde. Im *False*-Fall wird die Prozedur verlassen.

Im *True*-Fall wertet eine zweite *If*-Anweisung (Zeile 02) den Rückgabewert der *MsgBox*-Funktion aus. Wenn der Anwender auf die Schaltfläche *Ja* klickt, wird die Prozedur ebenfalls verlassen, und die Datensatzänderungen werden gespeichert.

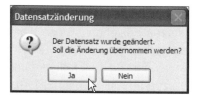

Abb. A1.19:
Bestätigung einer Datensatzänderung

Die Konstante *vbDefaultButton2* macht übrigens die zweite Schaltfläche *Nein* zur standardmäßig aktivierten Schaltfläche. Das heißt, wenn der Anwender aus Versehen beim Anzeigen des Meldungsfensters die Taste ⌐⌐ drückt, wird keine Datensatzänderung gespeichert.

Damit sind wir aber bereits beim *False*-Teil dieser *If*-Anweisung angekommen (Zeilen 03 bis 06). Zunächst wird in Zeile 04 die Konstante *Cancel* auf *True* gesetzt und dadurch der Speichervorgang abgebrochen.

Anschließend wird in Zeile 05 die *RunCommand*-Methode mit der Konstanten *accmdUndo* ausgeführt. Dadurch werden alle Änderungen am Datensatz rückgängig gemacht. Direkt danach wird die Prozedur verlassen (Zeile 06).

RunCommand- Methode

VBA in Berichten

Zum Abschluss dieses Kapitels finden Sie noch zwei Beispiele zur Verwendung von VBA in Berichten.

Bericht ohne Daten

Falls die Datensatzquelle eines Berichts keine Daten übergibt, werden leere Berichte gedruckt. Dies können Sie mit Hilfe des Ereignisses *Bei Ohne Daten* oder *NoData* und einer entsprechenden Ereignisprozedur leicht abfangen.

Information

```
Private Sub Report_NoData(Cancel As Integer)
01    MsgBox "Dieser Bericht enthält keine Daten!", _
   vbExclamation Or vbOKOnly, "Keine Daten vorhanden"
02    Cancel = True
End Sub
```

Ereignis- prozedur

Beim Auslösen des Ereignisses *NoData* wird der Anwender durch ein Meldungsfenster entsprechend informiert (Zeile 01). Anschließend wird in Zeile 02 die Konstante *Cancel* auf *True* gesetzt und dadurch der ganze Vorgang abgebrochen.

Beschreibung

Datensätze im Bericht seitenweise nummerieren

Bestimmte Berichte – beispielsweise Listen – sind für den Leser übersichtlicher, wenn die dort gedruckten Datensätze seitenweise durchnummeriert sind. Eine solche Funktionalität erreichen Sie mit einem Textfeld als Zählerfeld im Detailbereich und einigen Zeilen VBA-Code.

Information

Textfeld

1 Öffnen Sie den Bericht in der Entwurfsansicht.

2 Fügen Sie in den Detailbereich ein Textfeld ein und nennen Sie es *txtCount*.

3 Löschen Sie das zu dem eingefügten Textfeld gehörende Bezeichnungsfeld.

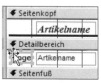

Abb. A1.20: Textfeld im Detailbereich

4 Zeigen Sie das Eigenschaftenblatt für den Detailbereich an und legen Sie für das Ereignis *Beim Drucken* oder *Print* die folgende Ereignisprozedur an:

Ereignis-prozedur 1

```
Private Sub Detailbereich_Print(Cancel As Integer,
PrintCount As Integer)
    If PrintCount = 1 Then
        txtCount = txtCount + 1
    End If
End Sub
```

Beschreibung

Die Eigenschaft *PrintCount* gibt als Zahlenwert zurück, wie oft die *OnPrint*-Eigenschaft des betreffenden Bereichs ausgewertet wurde.

Information

Damit die Datensatzzählung auf jeder Berichtsseite von vorne beginnt, benötigen wir noch eine zweite Ereignisprozedur für das Ereignis *Beim Drucken* des Seitenkopfbereichs.

5 Zeigen Sie das Eigenschaftenblatt für den Seitenkopfbereich an und legen Sie für das Ereignis *Print* die folgende Ereignisprozedur an:

Ereignis-prozedur 2

```
Private Sub Seitenkopfbereich_Print(Cancel As Integer,
PrintCount As Integer)
    txtCount = 0
End Sub
```

6 Kompilieren und speichern Sie das Modul.

7 Schließen Sie die Entwurfsansicht.

A2 VBA in Steuerelementen

In diesem letzten Kapitel lernen Sie verschiedene Möglichkeiten kennen, VBA in Steuerelementen anzuwenden.

Beliebige Datensätze drucken

Das Drucken des aktuellen Datensatzes oder aller Datensätze stellt schon einen gewissen Bedienungskomfort für eine Datenbankanwendung dar. Optimal ist allerdings eine Lösung, bei der der Anwender auch beliebige Datensätze für den Druck auswählen kann.

Information

Eine solche Lösung kann unter anderem mit einem Listenfeld realisiert werden, in dem der Anwender die ausgewählten Datensätze markieren kann.

Das Ergebnis

In dem Formular *frmDruckAuswahl* wird die Eigenschaft *Mehrfachauswahl* oder *MultiSelect* des Listenfelds *lstDruckAuswahl* mit Hilfe einer VBA-Prozedur ausgewertet.

Abb. A2.1: Mehrere ausgewählte Einträge in einem Listenfeld

Eigenschaft
MultiSelect

Die Eigenschaft *Mehrfachauswahl* oder *MultiSelect* eines Listenfelds kann drei verschiedene Einstellungen haben:

Abb. A2.2: Auswahl der Eigenschaft *Mehrfachauswahl*

Die Bedeutung der einzelnen Einstellungen entnehmen Sie bitte der folgenden Tabelle:

Einstellung	Beschreibung
Keine	Keine Mehrfachauswahl möglich.
Einzeln	Es können mehrere Einträge durch Klicken oder Drücken der Taste ⟨Leer⟩ aktiviert beziehungsweise deaktiviert werden.
Erweitert	Es können mehrere Einträge bei gedrückter Taste ⟨⇧⟩ und Klicken beziehungsweise bei gedrückter Taste ⟨⇧⟩ und Drücken von ⟨↑⟩ oder ⟨↓⟩ markiert werden. Einträge können auch durch Ziehen mit der Maus markiert werden. Bei gedrückter Taste ⟨Strg⟩ können einzelne Einträge auch durch Anklicken aktiviert beziehungsweise deaktiviert werden.

Tab. A2.1: Einstellungen der Eigenschaft *Mehrfachauswahl*

Die Einstellung *Einzeln* ist für die bei dieser Lösung geforderte Funktionalität vollkommen ausreichend.

Der Ausdruck

Nach einem Klick auf die Schaltfläche *btnDruck* werden die im Listenfeld markierten Einträge zu einem Bedingungs-String zusammengesetzt, mit dem dann die Datensatzherkunft des entsprechenden Berichts gefiltert wird. Die dabei ausgeführte

Ereignisprozedur ist logischerweise das Herzstück der gesamten Lösung.

Die Ereignisprozedur

Die Ereignisprozedur *btnDruck_Click* finden Sie in dem folgenden Listing abgedruckt:

Ereignis-
prozedur

```
Private Sub btnDruck_Click()
01    Dim ctrListBox As Control    ' Listenfeld
02    Dim intReihe As Integer      ' Reihe
03    Dim strResult As String      ' Ergebnis
04    Dim i As Integer             ' Zähler
05        Set ctrListBox = Me.lstDruckAuswahl
06        For intReihe = 0 To ctrListBox.ListCount - 1
07            If ctrListBox.Selected(intReihe) = True Then
08                i = i + 1
09                strResult = strResult & "[Artikelname]='" &
                  ctrListBox.Column(0, intReihe) & "' OR "
10            End If
11        Next intReihe
12        If i = 0 Then
13            MsgBox "Bitte markieren Sie die Artikel, die
                  gedruckt werden sollen!", _
              vbInformation, "Druckauswahl"
14                Exit Sub
15        Else
16            strResult = Left(strResult, Len(strResult) - 4)
17            DoCmd.OpenReport "repArtikel", acViewPreview, ,
                  strResult
18        End If
End Sub
```

In den Zeilen 01 bis 04 werden die notwendigen Variablen deklariert und in Zeile 05 wird das Listenfeld der zuvor deklarierten Objektvariablen zugewiesen.

Beschreibung

Ab Zeile 06 beginnt eine *For...Next*-Schleife, alle Einträge im Listenfeld zu durchlaufen. Als Zähler wird dabei mit Hilfe der

Eigenschaft *ListCount* die Anzahl der Reihen im Listenfeld verwendet.

Dabei wird der Wert der Eigenschaft *Selected* (= ausgewählt) des Listenfelds abgefragt (Zeile 07). Im *True*-Fall wird zunächst der Zähler für die Anzahl der markierten Reihen im Listenfeld um den Wert 1 (Zeile 08) erhöht und anschließend in Zeile 09 der Spalteninhalt des Listenfelds zusammen mit einem abschließenden Operator *OR* der Variablen *strResult* übergeben. Anschließend wird in Zeile 11 die Zählervariable der *For...Next-*Schleife um den Wert *1* hochgezählt.

Für den Fall, dass der Anwender keine Einträge im Listenfeld markiert hat (Zeile 12), wird er durch eine Meldung (Zeile 13) darüber informiert. Anschließend wird die Prozedur über die Anweisung *Exit Sub* in Zeile 14 verlassen.

Es bleiben noch zwei Aktionen in dieser Prozedur übrig. In Zeile 16 werden mit Hilfe der eingebauten VBA-Funktion *Left* und *Len* von dem in Zeile zusammengestellten – und letztendlich ungültigen – SQL-String die letzten vier Zeichen entfernt: Leerzeichen, OR, Leerzeichen:

Ungültige SQL-Anweisung

`[Artikelname]='Chai' OR [Artikelname]='Geitost' OR`

Durch das Entfernen der letzten vier Zeichen wird erreicht, dass an den Berichtsaufruf in Zeile 17 eine gültige SQL-Anweisung als Öffnungsbedingung übergeben wird, wie zum Beispiel:

Gültige SQL-Anweisung

`[Artikelname]='Chai' OR [Artikelname]='Geitost'`

Aufruf und Formularsteuerung

Information

Beim Aufruf einer solchen Druckauswahl über eine entsprechende Schaltfläche aus einem Artikelformular heraus sollte unter anderem auch die Formularsteuerung der beiden Formulare beachtet werden.

Abb. A2.3: Schaltfläche in der Entwurfsansicht

Deshalb wird in der Ereignisprozedur für das Ereignis *Click* der Schaltfläche unter anderem das aufrufende Formular unsichtbar geschaltet (Zeile 03). Zuvor werden wieder in Zeile 01 eventuelle Datensatzänderungen gespeichert. Die vollständige Ereignisprozedur für das *Click*-Ereignis der Schaltfläche:

```
Private Sub btnDruckAuswahl_Click()
01    DoCmd.RunCommand acCmdSaveRecord
02    DoCmd.OpenForm "frmDruckAuswahl"
03    Me.Visible = False
End Sub
```
Ereignisprozedur 1

Beim Schließen des Formulars zur Druckauswahl wird das aufrufende Formular wieder sichtbar geschaltet (Zeile 03). **Information**

```
Private Sub btnClose_Click()
01    DoCmd.Close acForm, Me.Name
02    If IsLoaded("frmArtikel") Then
03        Forms!frmArtikel.Visible = True
04    End If
End Sub
```
Ereignisprozedur 2

Vorher wird allerdings in einer *If*-Anweisung durch die Auswertung der Hilfsfunktion *IsLoaded* zuerst überprüft, ob dieses Formular überhaupt geladen ist (Zeile 02). Durch diesen kleinen Kunstgriff können Sie das Druckauswahlformular auch separat öffnen und schließen, ohne dass ein Laufzeitfehler ausgelöst wird. **Beschreibung**

Kombinationsfelder

Kombinationsfelder sind äußerst vielseitig verwendbare Steuerelemente in Formularen. In diesem Abschnitt lernen Sie einige Techniken kennen, um die Funktionalität von Kombinationsfeldern per VBA zu erweitern.

Eintrag zu einem Kombinationsfeld hinzufügen

Information

Eine bedeutende Erweiterung der Funktionalität eines Kombinationsfelds ist es, dem Anwender das Hinzufügen von Werten zu ermöglichen. Dazu muss das Kombinationsfeld allerdings an eine Tabelle oder Abfrage gebunden sein.

Vorbereitung

Ereignis
NotInList

In einem solchen Fall können Sie für das Ereignis *Bei Nicht in Liste* oder *NotInList* eine entsprechende Ereignisprozedur erstellen.

Abb. A2.4: Das Ereignis *Bei Nicht in Liste*

Das *NotInList*-Ereignis kann allerdings nur dann auftreten, wenn die Eigenschaft *Nur Listeneinträge* für das Kombinationsfeld auf den Wert *Ja* eingestellt ist:

Abb. A2.5: Einstellung der Eigenschaft *Nur Listeneinträge*

Mit dieser Einstellung legen Sie fest, dass für das Kombinationsfeld nur die in der Liste vorhandenen Einträge gültig sind.

Eigenschaft Nur Listen-einträge

Die Ereignisprozedur

Der VBA-Code einer Ereignisprozedur für ein Kombinationsfeld *cboKatagorieNr*, die das Hinzufügen von neuen Listeneinträgen ermöglicht, ist in dem folgenden Listing abgedruckt:

```
01  Private Sub cboKategorieNr_NotInList(NewData As String,
Response As Integer)
02      If MsgBox("Die Kategorie " & NewData & " ist neu." _
    & " Möchten Sie sie anlegen?", vbYesNo) = vbYes Then
03          Dim db As DAO.Database
04          Dim rs As DAO.Recordset
05          Set db = CurrentDb
06          Set rs = db.OpenRecordset("tblKategorien",
DB_OPEN_DYNASET)
07          rs.AddNew
08          rs!Kategorie = NewData
09          rs.Update
10          Response = acDataErrAdded
11          rs.Close
12          Set rs = Nothing
13          Set db = Nothing
14      Else
15          Response = acDataErrContinue
16          cboKategorieNr.Undo
17      End If
End Sub
```

	Zunächst einmal sind die beiden Prozedurparameter *NewData* und *Response* in Zeile 01 von Interesse.
Beschreibung	

NewData Der Parameter *NewData* enthält den neu hinzugefügten Wert des Kombinationsfelds.

Response Der Parameter *Response* kann drei verschiedene Konstanten als Argument haben, die in der folgenden Tabelle beschrieben sind:

Konstante	Beschreibung
acDataErrDisplay	Standardeinstellung. Bei Verwendung dieser Konstanten können dem Kombinationsfeld keine Einträge hinzugefügt werden. Dem Anwender wird eine Standardmeldung angezeigt.
acDataErrContinue	Bei Verwendung dieser Konstanten können Sie dem Anwender eine benutzerdefinierte Meldung anzeigen und so beispielsweise Tippfehler bei der Eingabe behandeln.
acDataErrAdded	Dem Benutzer wird keine Meldung angezeigt, dem Kombinationsfeld kann allerdings bei Verwendung dieser Konstanten ein neuer Eintrag hinzugefügt werden.

Tab. A2.2: Argumente des Parameters *Response*

In Zeile 02 wird der Anwender in einem Meldungsfenster gefragt, ob er den durch den Parameter *NewData* angezeigten Wert zum Kombinationsfeld hinzufügen will.

Abb. A2.6: Benutzerabfrage

Im *True*-Fall wird ein Recordset deklariert und geöffnet. In Zeile **True-Fall** 08 wird dem betreffenden Feld der Inhalt der Variablen *New-Data* zugewiesen. Das ist alles nichts Neues für Sie.

In Zeile 10 wird der neue Eintrag ohne Meldung der Liste des Kombinationsfelds hinzugefügt. Anschließend wird das Recordset geschlossen.

Falls der Anwender im Meldungsfenster auf die Schaltfläche **False-Fall** *Nein* klickt, verzweigt die Prozedur in den *Else*-Zweig der *If*-Anweisung (Zeile 14). In Zeile 15 wird dem Parameter *Response* die Konstante *acDataErrContinue* zugewiesen, und in Zeile 16 werden die Änderungen im Kombinationsfeld rückgängig gemacht.

Kombinationsfelder automatisch aufklappen

Für den Anwender kann es in bestimmten Formularen einen **Information** gewissen Komfort bedeuten, wenn ein Kombinationsfeld beim Anzeigen des Formulars automatisch aufklappt.

1 Öffnen Sie das betreffende Formular in der Entwurfsansicht und zeigen Sie das Eigenschaftenblatt für das Formular an.

2 Wählen Sie das Formularereignis *Beim Anzeigen* und dort den Eintrag *Ereignisprozedur* aus.

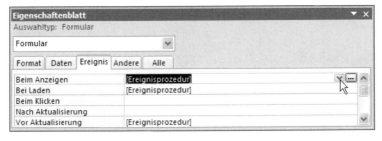

Abb. A2.7: Das Formularereignis *Beim Anzeigen*

TIPP Das Ereignis *Beim Anzeigen* oder *Current* tritt beim Anzeigen des Formulars, beim Datensatzwechsel und beim Aktualisieren der Datensätze auf.

3 Legen Sie folgende Ereignisprozedur an:

```
Private Sub Form_Current()
01  Me!cboLieferantenNr.SetFocus
02  Me!cboLieferantenNr.Dropdown
End Sub
```

4 Kompilieren und speichern Sie das Modul.

Beschreibung In Zeile 01 wird mit der Methode *SetFocus* der Fokus auf das Kombinationsfeld gesetzt. Die Methode *DropDown* in Zeile 02 klappt das Kombinationsfeld dann auf.

VBA in diversen Steuerelementen

Zum Abschluss noch einige Beispiele dafür, wie Sie mit Hilfe von ein paar Zeilen VBA-Code in Steuerelementen deren Funktionalität erweitern können.

Zunächst erfahren Sie, welcher VBA-Code hinter den häufig verwendeten *Schließen*- beziehungsweise *Abbrechen*-Schaltflächen steckt. Anschließend lernen Sie noch zwei Beispiele zu Eingabeüberprüfungen kennen.

Schließen- und Abbrechen-Schaltflächen

Die am häufigsten in Formularen verwendeten Schaltflächen sind wohl die Schaltflächen *Schließen* und *Abbrechen*.

Schaltfläche »Schließen«

Eine Schaltfläche *Schließen* benötigt nur eine einzige Zeile VBA-Code, der beim Auslösen des Ereignisses *Click* ausgeführt wird:

```
Private Sub btnClose_Click()
    DoCmd.Close acForm, Me.Name
End Sub
```

Ereignis-
prozedur

Mit der Methode *Close* wird das Formular geschlossen. Das war in diesem Zusammenhang auch schon alles.

Schaltfläche »Abbrechen«

Beim Klick auf eine Schaltfläche *Abbrechen* soll das betreffende Formular in der Regel ebenfalls geschlossen werden. Zuvor jedoch – und das ist der Unterschied zu einer Schaltfläche *Schließen* – müssen eventuelle Datensatzänderungen behandelt werden.

Mit diesen Anforderungen ist gleichzeitig auch die Struktur der Ereignisprozedur vorgegeben, die ebenfalls beim Ereignis *Click* der betreffenden Schaltfläche aufgerufen wird:

```
Private Sub btnCancel_Click()
01    If Me.Dirty = True Then
02        Me.Undo
03    End If
04    DoCmd.Close acForm, Me.Name
End Sub
```

Ereignis-
prozedur

In Zeile 01 wird zunächst in einer *If*-Anweisung mit Hilfe der *Dirty*-Eigenschaft überprüft, ob der Datensatz seit dem letzten Speichern geändert wurde.

Beschreibung

Im *True*-Fall werden diese Änderungen durch das Ausführen der *Undo*-Methode rückgängig gemacht (Zeile 02). Anderenfalls wird lediglich das Formular geschlossen (Zeile 04).

Undo-Methode

Eingabeüberprüfung I

Bei Textfeldern wird bei jeder Aktion, die zum Verlassen des Feldes führt, ebenfalls das Ereignis *Vor Aktualisierung* oder *BeforeUpdate* ausgelöst.

Steuerelement-
Ereignis
BeforeUpdate

Information

Das bietet Ihnen die Möglichkeit, Feldeingaben beziehungsweise -änderungen auf ihre Richtigkeit hin zu überprüfen und gegebenenfalls rückgängig zu machen.

Beispiel

Bei dem folgenden Beispiel muss die Eingabe in einem Feld *Produktcode* mit einem Buchstaben beginnen. Die Überprüfung und eine entsprechende Anwenderinformation leistet die folgende Ereignisprozedur:

Ereignis-prozedur

```
Private Sub Produktcode_BeforeUpdate(Cancel As Integer)
01    If IsNumeric(Left(Me!Produktcode, 1)) Then
02       MsgBox "Der Produktcode muss mit einem " _
      & "Buchstaben beginnen.", vbOKOnly + vbExclamation, _
      "Falsche Eingabe"
03       Cancel = True
04    End If
End Sub
```

Beschreibung

In Zeile 01 wird innerhalb einer *If*-Anweisung mit Hilfe der eingebauten VBA-Funktionen *IsNumeric* und *Left* überprüft, ob das erste Zeichen im Feld *Produktcode* ein Zahlenwert ist.

True-Fall

Im *True*-Fall wird dem Anwender zunächst eine entsprechende Meldung angezeigt (Zeile 02):

Abb. A2.8: Benutzerinformation

Anschließend wird in Zeile 03 dem Parameter *Cancel* der Wert *True* zugewiesen und dadurch der ganze Vorgang abgebrochen. Konkret bedeutet dies, dass

■ Eingaben verworfen werden,

- das Steuerelement weiterhin den Fokus besitzt,
- der Datensatz nicht gespeichert wird.

Eingabeüberprüfung II

Im zweiten Beispiel zur Eingabeüberprüfung soll sichergestellt werden, dass der Anwender eine Telefonnummer nur zusammen mit der Vorwahlnummer eingibt. Das heißt, das erste Zeichen in dem betreffenden Feld muss eine *0* sein.

Dies überprüft die folgende Ereignisprozedur wieder für das Ereignis *BeforeUpdate* des betreffenden Feldes:

```
Private Sub Telefon_BeforeUpdate(Cancel As Integer)
01    If Left(Me!Telefon, 1) <> "0" Then
02       MsgBox "Die Telefonnummer muss zusammen mit der
Vorwahl " _
         & "eingegeben werden.", vbOKOnly + vbExclamation, _
         "Falsche Eingabe"
03       Cancel = True
04    End If
End Sub
```

In Zeile 01 wird innerhalb einer *If*-Anweisung mit Hilfe der eingebauten VBA-Funktion *Left* überprüft, ob das erste Zeichen im Feld *Telefon* ungleich *0* ist. Im *True*-Fall wird genauso wie bei dem vorherigen Beispiel verfahren.

Index